大数据视角下商用车融资租赁发展及风险研究

王传彬　著

中国矿业大学出版社
·徐州·

图书在版编目(CIP)数据

大数据视角下商用车融资租赁发展及风险研究/王传彬著.一徐州:中国矿业大学出版社,2022.11

ISBN 978-7-5646-5668-3

Ⅰ.①大… Ⅱ.①王… Ⅲ.①商用车辆一融资租赁一研究 Ⅳ.①F426.471②F830.8

中国版本图书馆 CIP 数据核字(2022)第 221730 号

书　　名　大数据视角下商用车融资租赁发展及风险研究
著　　者　王传彬
责任编辑　史风萍
出版发行　中国矿业大学出版社有限责任公司
　　　　　　(江苏省徐州市解放南路　邮编 221008)
营销热线　(0516)83885370　83884103
出版服务　(0516)83995789　83884920
网　　址　http://www.cumtp.com　**E-mail**:cumtpvip@cumtp.com
印　　刷　徐州中矿大印发科技有限公司
开　　本　787 mm×1092 mm　1/16　**印张** 14.25　**字数** 279 千字
版次印次　2022 年 11 月第 1 版　2022 年 11 月第 1 次印刷
定　　价　48.00 元

前　言

随着中国经济的快速发展，一方面，中国商用车融资租赁业务蓬勃发展，另一方面与其相对应的信用风险防范措施却实施得不到位甚至缺失。鉴于此，本研究在融资租赁风险管理的分析框架下，运用大数据系统回顾了汽车融资租赁在国内外的发展历程，详细分析了当前我国汽车融资租赁的市场环境、经营模式以及面临的主要风险，聚焦于商用车融资租赁面临的信用风险类型及成因构建了信用风险分析模型，并依据国内汽车制造业某知名商用车B融资租赁公司的大数据进行商用车融资租赁信用风险的实证分析，进而从理论分析与实证分析两个维度去探究商用车融资租赁信用风险的成因，形成相关的研究成果，并应用于行业实践。在此基础上，通过比较分析，对融资租赁会计准则相关热点问题进行比较研究，对准则出台的背景、意义、范围、会计核算以及内含利率应用中的争议进行了详细的分析。

本研究利用大数据挖掘技术，从B融资租赁公司商用车的海量业务数据中，通过迭代分析、查找计算选取了12 343份合同样本，时间区间从2013年到2021年。在系统、全面、科学选取相关指标的基础上，结合B融资租赁公司业务实际情况和可得数据情况，选取逾期责任主体、是否担保、融资期限、是否GPS、首付比例、保证金比例等15个指标作为初始指标体系，通过多元线性回归方法检验融资租赁逾期率的影响因素和影响效果。研究发现：

(1) 金融部门非法务诉讼手段是有效管理逾期的第一屏障，要用尽办法包括但不限于电话催收、上门催收等，将逾期金额控制在较短期限内解决。

(2) 主机厂担保意愿越高，客户逾期程度越高。主机厂担保一方面促进销售业务提升，另一方面也带来了逾期风险，随着B公司商用车品牌知名度的提高，应该主动降低主机厂担保行为，按照金融市场的一般规律，引入第三方采用免担保业务，降低金融风险。

(3) 经销商实力越强，金融逾期越小，直销模式产生的逾期要小于经销模式。这在一定程度上说明B融资租赁公司有待进一步加强经销渠道的管理，加大对经销商准入的门槛条件，做大做强经销商体系。

(4) 销售区域影响金融逾期，区域经济状况好的地方，市场化程度越高的地区，金融逾期率越小；区域经济状况不好的地方，市场化程度越低的地区，金融逾期率越高。

(5) 上牌车辆比不上牌车辆受到的约束性强，上牌车辆客户的金融逾期率要低于非上牌车辆客户。从车辆类型看，矿车和搅拌车的金融逾期率要高于牵引车、载货等其他车辆类型。矿车由于不需要上牌的缘故逾期率高，搅拌车则是由于和所依赖的工作场景有关。搅拌车的工作场景密切影响了客户的经营状况和资金回流，进而导致在金融逾期上出现中断、续贷、延期或终止等状况。

(6) 融资期限越长，车辆不有效安装GPS，金融逾期金额越高，逾期率越高。融资期限越长，客户还款的主客观风险越大；车辆安装GPS的，可以第一时间向主机厂提供车辆的位置、运行状况以及车辆每天运行的有效时长，能真实反映客户的经济业务质量，运行时间越长，业务质量越高，现金流回款也就越好，金融逾期率越低。

(7) 首付比例越高，金融逾期率越低，保证金比例越高，金融逾期率越低。风控评审条件越严格，金融逾期率越低。客户办理融资租赁业务时，缴纳的首付比例越高，后期承担的租金就越少，产生的逾期风险就越小。保证金是客户在办理融资租赁业务时对主机厂的一种承诺，保证金比例越高，客户的承诺越有效，之后的金融逾期风险也就越小。严格的风控评审条件可以有效防止因为评审不当而导致金融逾期的发生。

(8) 风控评审条件、经销商实力和非法务诉讼手段的回归系数相对较大，分别是0.798、0.320和0.226，根据回归模型的回归结果来看，一般而言，回归系数越大，说明解释变量的影响越大、效果越强。B公司在融资租赁逾期管理方面，手段和方法不少，但更重要的是加大风控评审条件的审核，加强责任主体的网格化管理和做大做强经销商的实力建设。

本研究的创新点在于：

(1) 拓展了商用车融资租赁信用风险的文献研究，为商用车融资租赁业务提供了理论分析和实证检验的经验借鉴。

已有文献研究针对汽车金融的研究，要么更多关注汽车消费信贷的发展现状、经营模式、风险防范等，要么以偏概全，将针对商用车融资的研究定义为对整个汽车融资的研究，缺乏商用车融资租赁的独立性研究。本研究基于已有文献的该部分空白之处，选取商用车融资租赁信用风险作为研究对象，更多依据商用车融资租赁业务发展自身特点设计了风险控制理论和实证评估模型，为商用车融资租赁业务提供了经验借鉴。

(2) 将理论模型和实证研究进行了结合，研究结论互相印证，提升了风险控制评估模型的解释力和准确性。

本研究弥补了已有案例研究和实证研究缺乏互相印证的缺陷，创新性地将以案例分析为基础的微观研究和以回归模型为基础的大数据实证研究进行结合。案例研究结论表明，加强商用车融资租赁公司的风险控制，需着力完善二手车市场、完善相关法律法规、鼓励从事专业化汽车金融业务、建立全面广泛征信体系、加强对客户资质审查、强化项目风险管理。实证结论表明，加强商用车融资租赁公司的风险控制，需完善客户信息、加大对特殊客户审查力度、鼓励开展专业化汽车金融业务、完善全社会征信体系、适度采用增信等风险管理手段。理论结论和实证结论能够较好地互相印证，分别从理论逻辑层面和实际效果层面，说明了本研究提出的风险控制建议的合理性、可行性和准确性。

(3) 充分使用大数据技术对商用车融资租赁信用风险进行实证研究，提供了更为丰富的数据信息结论。

本研究基于B融资租赁公司的业务平台的海量客户信息数据，选取大数据处理软件SPSS，充分运用大数据技术中的筛选识别、构建指标、统计分析、回归分析、功效评估、样本匹配等方法，逐步筛选有效样本、构建指标体系、得到描述性统计结果、得到回归分析结果、评判模型功效和预测准确率、得到样本匹配后的回归结果等，基于大数据和大样本的多样化价值，得出了更为丰富的商用车融资租赁信用风险评估和控制的信息结论。

(4) 理论分析、实证研究、政策建议为商用车融资租赁公司风控手段的建立和完善提供了清晰的借鉴思路和较强的应用价值。

本研究立足于国内商用车融资租赁信用风险相关文献研究相对缺乏的前提条件，通过案例分析和回归实证模型，依据风险评估模型结论提出了建立租赁项目风险评估标准，加强金融业务规范运营，增强岗位责任意识，建立有效的合规管理体系，健全业务操作流程，实行分散与集中管控，建立上下联动、内外联动的清收机制，进行管控主体的目标分解，实现网格化管理等政策建议，并针对每条政策建议进一步细化了风险控制手段方向，其研究思路和分析结果为当前各行其是、相对混乱的商用车融资租赁风险控制体系提供了较强的参考价值。

本研究表明，商用车融资租赁在我国的发展存在巨大的增长潜力，但同时也存在一定的经营风险。总体来说，中国商用车融资租赁规模发展还存在隐患，融资租赁风险的影响因素不容小觑，目前的核心工作仍是继续加大完善商用车融资租赁公司风险控制和相关法规的建设力度。

著者

2022 年 7 月

目 录

第 1 章

绪　　论

第1章 绪 论

1.1 研究背景及研究意义

1.1.1 研究背景

汽车租赁行业具有超过百年的历史，最初仅限于欧洲市场。第二次世界大战后，汽车租赁行业进入蓬勃发展时期，市场突破了欧洲的地域限制，在世界范围内均呈现出发展之势。进入 21 世纪后，国际汽车租赁业务已经渗透到汽车行业的方方面面。目前，汽车租赁市场发展势头迅猛，汽车租赁行业的增幅遥遥领先于其他服务行业，日趋突出的规模化经营带来的效益规模化是全球汽车租赁行业发展的潮流。宋涛(2020)的研究显示，当前全世界各个国家采用汽车金融方式购车的约占 70%，汽车融资租赁是最主要的方式之一。

我国的汽车金融起始于 20 世纪 90 年代。从 1993 年北方兵工汽贸提出分期贷款购车的概念开始，我国出现了汽车金融的萌芽。1998 年，中国人民银行出台《汽车消费贷款管理办法》，之后我国汽车消费贷款额以年均 200%以上的速度迅猛增长，汽车金融行业经历了爆发期。得益于国家 4 万亿投资计划的实施，以及《汽车产业调整振兴规划》的推出，2009 年我国汽车销量实现了爆发式增长，当年的产销量分别为 1 379.1 万辆和 1 364.48 万辆，我国首次超越美国成为世界产销第一大国。2009 年以来，汽车销量更是连续 8 年世界第一，根据汽车工业协会的数据，我国汽车销售数据连续 9 年增长。截至 2018 年年底，我国融资租赁公司数量大约在 12 000 家，全国融资租赁合同金额大约 66 500 亿元，相比较于 2017 年，全国融资租赁公司不管是在数量还是金额方面都有显著增长。随着终端消费升级、信贷接受度提升，汽车金融市场规模将继续保持增长。根据21世纪新汽车研究院综合评估，2020年中国汽车金融市场规模约2万亿元，同比增长20.7%，近10年的复合增长率为20.9%。虽然2022年受新冠疫情影响，但中央出台的部分乘用车购置税减征政策使得车市依然保持足够的热度，预计2022年中国汽车金融行业市场规模将达到2.9万亿元。从汽车金融渗透率指标看，2017年国内的新车汽车金融渗透率为39%，才达到北美新车汽车金融渗透率的一半。2021年中国汽车金融渗透率约53%，较2020年上升3个百分点。与发达国家汽车金融渗透率(美国86%、德国75%)相比，中国汽车金融渗透率仍有较大的上升空间。

商用车作为汽车产业的重要分支，在国民经济发展过程中扮演着十分重要的角色，我国商用车产销量年均超过360万辆，对应年产值超过8 000亿元。中汽协数据显示，2020年商用车产销分别完成523.1万辆和513.3万辆，首超500万辆，创历史新高，商用车产销同比分别增长20.0%和18.7%。随着"一带一路"建设的推进和各地城市化进程的需求，车辆市场后期可观。因为商用车具有生产工具的性质，客户购买时的外部融资需求非常强烈，据统计，商用车客户购车时融资需求的占比超过80%。融资租赁因其操作便捷、业务模式灵活多样受到了市场的青睐，日益成为商用车客户最重要的购车方式，商用车领域的融资租赁业务具有广阔的发展空间。

汽车融资租赁业务是一种新型的大额分期购车方式，由于结合了租赁业务使用权和所有权分离的特性，汽车融资租赁业务更加灵活多变。汽车融资租赁是未来很有竞争力的汽车金融产品，为广大经济能力一般、不想一次性大额支付或限牌城市的消费者提供了一种便捷的购车方式。但我国汽车融资租赁行业尚处于起步探索阶段，行业发展仍有不足，行业限制性因素也比较多，如法律问题、征信问题、消费者道德问题、二手车市场问题等。汽车融资租赁公司作为新兴的汽车销售渠道商，其与厂商和经销商之间的关系尚未明晰，目前也处于试探摸索阶段。以商用车融资租赁为例，由于商用车性质的特殊性，其融资租赁风险不容小觑，在实际业务操作过程中存在很多问题。

(1) 有别于乘用车，商用车尤其是物流企业车辆，其承接业务活动范围广，难以监测其运行轨迹及联系承租人，一旦车辆出险，寻找租赁物的难度大。

(2) 商用车使用需要一定资质，多地物流车辆需要以企业的名义上牌，取得运营资质，因此产生商用车特有的挂靠关系。在实际业务操作过程中，需要厘清承租人、挂靠公司及租赁公司之间的关系，明确相互间的法律关系，在相关法律文本中明确权责利，避免在车辆权属等问题上产生争议，为后续出险车辆的处置问题埋下隐患。

(3) 车辆交易处置没有整合平台。不同于乘用车有较完善的车辆交易平台,有成熟的车辆价值评估标准,商用车处置的受众受限,且其价值评估没有成熟的标准,在二手车处置上存在较大争议,使得租赁物处置难度大。

(4) 商用车折旧程度参差不齐,由于其运输货物及跑车范围不定,对于车辆的折旧有很大的影响,车辆折损程度与其运营情况有很大的相关性,在确定车辆的折旧方式及计量方式上存在较大争议,这对租赁公司确定合作方案有很大影响,也对租赁公司对其租赁资产的评估准确性影响重大,使其对其租赁资产的盘活受限。同时,相较于其他做大型设备的租赁公司而言,车辆租赁公司的自身融资受限,资产评估折扣力度极大,加重融资租赁公司的运营压力。

(5) 商用车购买者群体的征信水平以及还款能力相对于乘用车普遍偏低。乘用车的购买者多是用于消费,而商用车的购买者则是把它作为生产工具,且购买主力军多为农村人口或个体工商户,征信水平偏低。他们主要承接零散货物,业务扩张难度相对大,在议价能力方面较弱,产业链上游大幅度压缩其盈利空间,资金流不稳定且成本较高,几乎无法在市面上进行直接融资,还款意愿和还款能力受诸多因素影响。

然而,现阶段下,传统银行等金融机构对于商用车市场仍保持审慎介入的态势。原精耕于商用车市场的融资租赁公司必然有着很大的优势,它们了解市场及租赁物,甚至与很多货主企业也有着深入的合作关系,对于车辆市场有着较大的议价能力和风险评估能力。中国基建的大规模建设,同时"一带一路"建设辐射周边国家,对于物流运输车辆的需求非常可观。随着经济发展,汽车保有量必然会有井喷式的增长,为融资租赁业带来巨大机遇。

融资租赁业在我国快速兴起的同时,大数据也迎来了蓬勃发展的时代。大数据的应用为金融市场带来了新机遇,大数据技术在深化风险管理模式、优化产品与服务、挖掘潜在用户、推动企业内部管理变革,尤其在降低汽车金融机构和保险公司的经营成本及风险等方面都具有重要价值。在此背景下,本研究通过理论分析与实证分析相结合的研究方法,针对融资租赁细分市场商用车融资租赁信用风险控制问题进行分析与研究,对促进商用车融资租赁业务的健康有序发展具有现实意义。

1.1.2 研究意义

1.1.2.1 理论意义

本研究通过大数据揭示了我国汽车融资租赁的发展历史和当前的行业发展

现状，结合当下直接租赁和售后回租两种业务模式的优缺点进行了对比，详述了当下我国汽车融资租赁的发展状况。同时将近年来国际汽车融资租赁发展的趋势和优点，与我国行业状况进行了对比，以取长补短。将基于大数据的回归模型分析引入到风险控制的理论分析和实证分析中，通过抽取基础数据作为数据样本，设置主要解释变量，代入风险控制指标体系进行测算评估，从而建立新的风险控制分析框架和分析模式，为后续的融资租赁业相关细分行业的风险控制分析提供了理论分析和实证检验的经验借鉴。

1.1.2.2 现实意义

融资租赁业务引入到国内的时间较短，相关数据的整理与标准化处理方面仍处于摸索阶段，缺乏相关经验借鉴。同时，处于快速发展阶段的融资租赁业，缺乏统一的监管机构，未建立统一有效的数据收集平台，无法为行业分析提供相关数据支持，是目前整体行业研究的一大困境。现有的研究大多局限于理论分析层面，缺乏实证检验与现实应用。本研究在对商用车融资租赁信用风险控制基本理论分析的基础上以某商用车融资租赁公司为例，建立风控模型，并进行数据验证，同时，对徐工汽车融资租赁风险控制进行微观研究，将一般性与典型性相结合，其研究思路和分析结果对相同业务模式下的融资租赁公司风控手段的建立与完善具有很强的参考价值。

1.2 文献综述

1.2.1 融资租赁的概念发展

1.2.1.1 融资租赁的性质、功能、特点等基础理论的界定

Weston 等(1960)在融资租赁发展初期研究了融资租赁的基本特点，认为融资租赁始于传统租赁，租赁物所有权与使用权的分离特性使得融资租赁区别于传统租赁，融资租赁由于分离状态长而更具有融资的特性。Clark(1978)则对融资租赁的基本原理进行了详细的介绍，首先指明了融资租赁在促进产品销售、刺激消费、提振投资等方面的作用。Schallheim(1994)从国际融资租赁的视角，总结了国际融资租赁的特点及机理。Ross(2006)认为融资租赁合同作为一种契

约协议,明确了拥有租赁物所有权的出租人将租赁物的使用权让渡给承租人过程中产生的法律义务关系。世界租赁专家阿曼波(2007)在《国际租赁完全指南》中提出法律、税收、会计和监管是影响融资租赁发展的四大支柱,并提出融资租赁业发展五阶段说。我国对于融资租赁基础理论的研究首先是对国外重要著作的引进和介绍,始于20世纪八九十年代。其中,张志远(1990)在《金融租赁学》中率先将融资租赁作为研究对象,探讨了融资租赁的基本含义、起源、发展及我国的行业发展现状。刘澜飚(2016)在《融资租赁理论与实务》中的介绍则更具有实操性,围绕实际融资租赁业务开展过程中的方案设计、财务账目处理、法律及税收安排等做了详细的介绍,较好地指导了业务实践。史燕平(2005)作为长期关注融资租赁业发展的知名专家,站在宏观的视角,审视融资租赁的深刻内涵,理清发展的脉络。

1.2.1.2 融资租赁的作用与优势

Weston 等(1960)通过对比融资租赁分别对出租人与承租人的利弊,认为融资租赁可以增强公司的资产灵活度。Levy 等(1979)在考虑金融风险情况下对租赁和购买决策进行了对比分析,说明了融资租赁的优势。Realdon(2006)比较了融资租赁与基本信贷,认为融资租赁可以通过预付款降低金融风险。Banner(2009)以通用汽车金融公司作为研究对象,研究汽车消费信贷对汽车产销量的作用。研究结果表明,通用汽车公司借助汽车金融的助力,使客户体验得到了极大的改善,产销量得到了显著的提升,公司的业务发展得到了进一步的推动。Krische 等(2012)认为融资租赁是一种更加激进的盈余管理方式,为承租人创造了更多的管理灵活性。相比于国外成熟的融资租赁研究体系,国内的研究主要侧重于基础原理的分析和国际先进经验的引入。张晓等(2007)认为融资租赁在加速新技术的更新换代、提升资金周转效率等方面作用显著。翟建华(2012)的研究发现,融资租赁业的发展,为解决中小企业融资问题寻找到了新的途径。刘杨(2012)的研究进一步发现了融资租赁在提升资金配置效率方面的优势。甄阿敏(2013)在发现融资租赁有助于提升资金配置能力的基础上,指出融资租赁的业务形态更适合中小企业的发展。

1.2.1.3 汽车融资租赁及商用车融资租赁的研究

汽车融资租赁研究,主要从汽车金融角度说明消费者在直接购买、汽车信贷、融资租赁之间的不同行为选择,以及分析评判汽车融资租赁市场的发展前景。Miller(1995)从净现值出发解释说明了融资租赁购车相较于一次性购车的优势。Trocchia 等(2003)的研究从消费者的购车决策角度出发,分析了消费者选择租赁购车的优势。Dasgupta 等(2007)试图构建一个消费者购车决策模型,并证明了低首付政策对消费者的吸引力更大。Modiligliani(2012)以消费者生命周期理论作为研究依据,研究消费者在不同生命周期里消费能力的区别。其将消费者生命周期划分为青春期、成年期和老年期。研究发现,在消费者青春期和老年期,消费能力受制于收入能力的不足,偿债能力相对较差。而在成年期,因收入水平相对较高,偿债能力相对较强。研究表明,汽车信贷的服务对象里,多以成年期客群为主体。而青春期客群则多数采取预支方式进行信贷活动,老年期则更多依靠过往积蓄维持信贷消费。国内学者杜平等(2004)、王再祥(2009)、王平(2008)、关琪(2020)均从汽车金融角度出发,说明了汽车融资租赁的发展状况、业务模式和发展趋势。郑权(2007)、陈雷艳(2008)则重点阐述了融资租赁业务进入汽车市场面临的问题,以及后续发展建议。围绕细分市场商用车的融资租赁研究相对缺乏,较多采用案例分析的方法说明商用车融资租赁的业务模式和存在问题。王培(2009)介绍了国内首先开展商用车融资租赁业务的企业发展情况。高爽(2011)通过个案描述的方式介绍了商用车融资租赁的具体业务模式。商彦章(2012)对商用车金融的各种模式的产生背景及利弊进行了分析与比较,认为商用车融资租赁尤其突出自身优势。彭鑫威(2020)、张斯婷(2021)均以某商用车融资公司为案例分析主体,分析了商用车融资租赁主要存在的问题。张武(2020)根据最新的大数据理论,采用理论分析及实证分析等研究方法,结合商用车融资租赁某行业领先企业的大量真实数据,针对商用车融资租赁信用风险控制问题进行深入分析与研究,对促进商用车融资租赁业务的健康有序发展具有现实意义。

1.2.2 融资租赁的风险管理

1.2.2.1 融资租赁风险管理的研究

Stiglitz 等(1981)提到消费信贷业务会由于信息不对称而出现供给与需求失衡的情况,业务交易的双方往往倾向于向对方提供对自己有利的信息,把不利的存在较大风险的信息隐藏起来,一旦风险事件被触发,就会有一方蒙受损失,进而蒙受损失的一方就会减少己方操作,导致信贷供给和需求失衡。汽车金融公司需要在风险发生前采取预防措施,把风险发生的可能性与产生的损失降低到可以接受的程度。Grenadier(1996)提出了决定均衡信用分布的理论框架,用于融资租赁相关信用分析。Nevitt 等(2000)介绍了对承租人的信用风险管理,提出了通过事前评估承租人资格、关注租赁设备运行、了解承租人状况等方面来控制承租人的信用风险。Schmit(2004)在实证分析中验证了抵押担保对降低信用风险的作用。Boobyer(2003)指出了融资租赁风险评估的重要价值,并在承租人关键指标设定上提出了自己的见解。Fan 等(2005)使用 2001 年消费者支出调查访谈记录,研究了家庭车辆租赁与融资行为,认为首付款和月付款会影响人们是否选择融资租赁以及后续还款意愿。Bulmash 等(2006)认为租赁的风险是对卖方而言的,汽车制造商为销售会选择融资租赁,这就使汽车公司需要作出回购担保,因此会带来高风险。Onyiriuba(2016)专门研究了融资租赁各种不同的风险类型,并对融资租赁风险的防范和化解做了深入分析。Einav 等(2013)研究了一家大型汽车金融公司使用的自动信用评分模型,发现该信用评分模型增加了每笔贷款利润并且具有筛选高风险借款人的能力和将贷款更多投向低风险借款人的能力。Lin(2015)对上海汽车金融租赁公司进行分析,发现影响客户信用违约风险的关键因素是利率和汽车类型,并探讨了在汽车采购阶段、销售阶段和处置阶段影响企业风险的因素及其管理意义。

国内研究方面,梁飞媛(2008)、黄彦菁(2009)、陈雪飞等(2010)、陆兴凤(2010)等从各自的视角出发,分析了不同的风险类型和对应的产生机制,并提出了改进建议。霍久真(2014)认为融资租赁公司应当通过建立事前风险评估体系、融资租赁项目风险预警机制和风险管理内部治理机制三个方面对公司的风险进行管理。王应贵(2017)、高进(2018)、徐贝贝(2022)认为融资租赁的风险管理应从租赁资产的购买风险、灭失风险与减值风险三方面来考虑,并聚焦于资产的流动性风险来确保合同符合业务本质以及增信措施的有效性。

1.2.2.2 汽车融资租赁及商用车融资租赁风险管理的研究

田春芝等(2013)在《汽车融资租赁信用风险控制研究》中,通过理论定性研究的方式,对汽车融资租赁的风险类型及应对策略提出了自己的见解。张鹏飞等(2011)研究认为对汽车租赁行业的承租人信用进行风险控制与防范是一项非常紧迫的任务。盛雯隽(2014)重点分析了我国汽车融资租赁业发展较慢的原因,并对比中美两国的汽车融资租赁业务现状,提出风险管理能力落后及融资渠道狭隘是制约我国汽车融资租赁业发展的两大瓶颈。陆晓龙(2014)介绍了汽车融资业务的主要模式,分析了汽车融资租赁行业信用风险管理以及公司信用风险内部评级模型的应用。郭颖(2015)分析了汽车融资租赁可能存在的风险,并对不同风险提出了防范的对策建议。李家诚(2017)认为汽车融资租赁风险主要体现在汽车销售和租赁环节,需要进一步做好风险控制流程。舒扬等(2017)、李岸杨(2017)运用 Logistic 模型对汽车金融贷款违约进行了预测研究。张娟(2016)、胡韵(2016)、王绍帆(2017)、何璐(2017)、程浩(2017)、徐艺玮(2018)、曹艺(2018)、徐瑞璋(2019)均以特定汽车或商用车融资租赁公司案例分析为主,提出了汽车融资租赁公司常见的风险问题、风险评估和应对举措。

1.2.2.3 融资租赁风险的评价方法

Witzany (2017)认为信用风险管理对银行业至关重要,通过构建评估信用风险的组合模型,为分析师确定是否放贷提供决策依据。Jinjuan (2017)通过建立经纬度网格性能架构,改善初始种群的生成,以此提高遗传算法的衍生率,使操作速度得到了提高,改进了用于评估信用风险的遗传算法。Manurung 等(2017)使用支持向量机对个人信用风险进行评估分类,发现支持向量机可以利用核技巧将数据转换为高维特征空间上的线性可分数据的优点,但也发现支持向量机存在着难以确定最优参数值的缺点。Andreas 等(2019)研究了运用技术控制风险的基础贷款机构,发现在 2010 年至 2016 年期间,这家机构在美国抵押贷款中的市场份额从 2%提高到了 8%,但信用风险却明显降低。Tobias 等(2019)通过分析消费者数字足迹的信息内容(人们在访问或注册网站时留下的信息)来预测消费者违约可能,发现即使是简单的、易于访问的数字足迹也等于或超过了信用局评分的信息内容。

胡博嵩(2010)、周凯(2018)对融资租赁风险评价方法进行了系统梳理,包括理论模型法、模糊评价法、层次分析法、Z 值法、风险价值法 VAR、统计分类法、定量分析法、大数据分析法等相关方法,为融资租赁在实际项目风险管理操作中提供了更加科学合理的决策方法。具体评价方法的应用方面,巴曙松等(2005)、于晓曦等(2012)将博弈模型分析引入汽车消费信贷市场,分析了不同阶段公司和客户的行为选择,以及由此导致的潜在风险。蔡晓琰等(2016)、吴复成等(2019)对融资租赁风险评价作出了相应的模型及建议,并构建了较为基础的风险评价模型。张洁(2012)运用模糊综合评价法对我国融资租赁企业的风险情况进行评价,在此基础上建立融资租赁企业风险评价指标体系。张巧良等(2015)、李妍等(2015)、王超(2018)、贾宏俊等(2019)采用层次分析法量化了融资租赁风险评价因素,并验证了这种方法的有效性。李慧青(2009)在对汽车融资租赁市场信用风险进行理论分析的同时,加强了实证方面的研究。Ohlson(1980)、于立勇等(2004)、杨蓬勃等(2009)、崔佳宁等(2014)、陈文波(2021)为提升汽车金融公司个人贷款违约风险预测的效果,基于随机森林模型研究汽车金融公司个人贷款的违约风险预测,为完善汽车金融公司对个人贷款违约风险的控制提供参考。俞立平(2013)、刘晓曙(2015)、刘新海(2016)、徐海涛(2017)、何培育(2017)详细介绍了大数据在商业银行、P2P、汽车行业等具体行业中的运用,阐述了大数据技术在深化风险管理模式、优化产品与服务、挖掘潜在客户、推动企业内部管理变革等方面的重要价值。Tang 等(2018)在分析影响信贷风险因素的基础上,运用随机森林模型和中国邮政储蓄银行某分行月度数据,得出了信用卡透支率和信用卡费用金额等特征对信用风险有显著影响以及随机森林模型的综合预测准确率高达 91.5%的结论。

1.2.2.4 融资租赁信用风险管理

高建梅(2000)认为信用风险是融资租赁的主要风险之一,不仅要在宏观上完善立法,建立相关制度,加强对经济政策动态的研究,还要强化企业风险意识,选好融资租赁项目,保证合同的合规性,建设融资租赁违约金制度。王筝(2015)提出租赁公司可以从商业银行吸取经验,借鉴它们的信用评级原理,与租赁公司特有的风险相联系,建立“产业+信用”双模式的风控机制。王文乐(2016)认为融资租赁业属于类金融行业,有显著的金融风险特征,应全流程、全方位地控制融资租赁业的信用风险。尹建荣(2015)以 SH 汽车租赁公司为研究对象,将风险从资产与信用两个角度进行划分,并对 SH 公司融资租赁过程中的信用风险、行业风险、会计估计风险等风险提出应对措施。阮丹(2017)以天津渤海融资租赁有限公司为例,研究了该公司业务风险情况,并从租前、租时、租期满三个方面展现天津渤海融资租赁有限公司存在的风险,从审核、受理、实施及租赁资产管理四个方面,提出了融资租赁公司应采取的风险防控策略,强调租赁流程上的防控。薛弘(2017)认为银行类融资租赁公司的风险管理应以客户信用记录、业绩为参考,以租赁物权为保障,进而降低客户信用风险。冯点(2020)在介绍了汽车融资租赁业务及其信用风险管理相关理论的基础上,分析了 H 公司汽车融资租赁业务信用风险控制现状、剖析存在的问题以及根源,并构建了信用风险评估模型,然后提出了对 H 公司汽车融资租赁业务信用风险控制的优化方案,优化方案指出信用风险应用流程控制的方法实现全流程控制,将信用风险控制和管理工作尽量向前移,优化方案将整体的信用风险控制设计为“两个机制、三个流程”。

1.2.3 国内外研究动态评述

国外融资租赁及其风险管理发展历史悠久,许多学者和专家从不同方面进行了研究,使用不同模型评估信用风险,但是可以看到虽然国外融资租赁发展研究已有 70 年历史,但专门针对汽车尤其是商用车融资租赁的信用风险管理与信用风险评价的研究并不多,主要集中在整体对汽车融资租赁行业违约因素的讨论上,但这仍对我们评估客户信用风险有一定借鉴意义。

我国的信用风险管理强调建立一个管理体系，系统地进行管理。在信用风险评估的定量模型上也提出了多种方法，主要应用于银行以及 P2P 等。虽然融资租赁公司的风险管理也逐渐引起国内学者的重视，但大多数仍停留在融资租赁业务信用风险宏观管理上，并没有系统地降低和预防信用风险的定量预警模型体系。对汽车融资租赁行业的信用风险研究较少，实际相关行业的信用风险管理评估主要是借鉴银行的经验。研究范围及深度与发达国家有一定差距，创新方面也有待发掘。

1.2.3.1　汽车融资租赁及商用车融资租赁研究文献相对缺乏

通过上述分析，我们能够发现，目前国内外学者对融资租赁方面的研究已经不断成熟，逐渐从宏观的基础理论分析转向细分市场的实证研究，并关注到相关细分行业开展融资租赁业务过程的风险控制问题。但是，与我国汽车行业发展快、潜力大的背景不匹配的是，目前关于汽车融资租赁及商用车融资租赁的相关研究还比较少，商用车融资租赁信用风险研究更是几乎缺失。

1.2.3.2　案例分析居多，相对缺乏普适性

目前，大部分学者对汽车融资租赁行业的研究大多通过典型案例进行分析，侧重于关注融资租赁公司发展历程、业务模式、资产状况、客户关系等特质性因素对信用风险的影响，以及对应的风险控制策略，更多适用于特定企业的特定阶段，没有形成可广泛复制且推广应用的风险评价方法和模型，对其他汽车融资租赁公司的借鉴意义和适用价值相对较小。

1.2.3.3　理论研究和实证研究缺乏互相印证，解释力相对不足

目前，关于汽车信贷的理论研究已有博弈模型法、风险评价法，尚缺乏汽车融资租赁的理论研究经验。而关于汽车金融（包括汽车信贷和汽车融资租赁）信用风险研究更多集中于实证研究，采用方法包括层次分析法、模糊评价法、Logistic 模型法、风险价值法等。在汽车融资租赁以及商用车融资租赁领域，理论研究和实证研究缺乏互相印证，缺乏理论逻辑推导和实证数据检验的对应环节，整体解释力有所不足。

1.2.3.4　大数据技术应用深度不够

大数据技术由于其体量大、多样化、价值高、速度快的特性，便于识别事物间的深层次联系，极大地提升了数据的价值。目前，大数据技术已在商业银行有了较好应用，通过对数据的深度加工，从而更加了解客户需求，提供更加个性化的

服务。而大数据技术在汽车融资租赁及商用车融资租赁领域的应用还不够，相关的文献研究也比较缺乏，利用海量信息数据来进行汽车融资租赁信用风险控制的价值还没有得到应用和体现。

鉴于此，本研究将充分吸收已有文献研究的先进经验，注重将理论研究和实证研究进行结合，并基于数据可得性和数据指标概括，以融资租赁信用风险分析作为理论分析的基础，以基于大数据的回归模型作为实证分析基础，以期为商用车融资租赁提供理论分析和实证检验的经验借鉴，提出更具针对性、操作性的意见和发展建议。

1.3 研究思路

随着中国经济的快速发展，一方面，中国商用车融资租赁业务蓬勃发展，另一方面与其相对应的信用风险防范措施却实施得不到位甚至缺失。鉴于此，本研究在融资租赁风险管理的分析框架下，运用大数据系统回顾了汽车融资租赁在国内外的发展历程，详细分析了当前我国汽车融资租赁的市场环境、经营模式以及面临的主要风险，聚焦于商用车融资租赁面临的信用风险类型及成因构建了信用风险分析模型，并依据国内汽车制造业某知名商用车融资租赁公司的大数据进行商用车融资租赁信用风险的实证分析，进而从理论分析与实证分析两个维度去探究商用车融资租赁信用风险的成因，形成相关的研究成果，并应用于行业实践。在此基础上，通过比较分析，对融资租赁会计准则相关热点问题进行比较研究，对准则出台的背景、意义、范围、会计分录以及内含利率应用中的争议进行了细致的分析，为有效推动融资租赁业务会计计量核算提供理论支撑。

1.4 研究方法

1.4.1 文献研究法

本研究以商用车融资租赁信用风险管理为出发点，从融资租赁的概念发展、融资租赁的风险控制两个维度，细分了通用融资租赁、汽车融资租赁和商用车融资租赁三个层次，通过对相关大量文献的对比分析解读，了解相关问题的历史及研究现状，充分吸纳前人在相关领域的优秀研究成果，主要包括深刻理解理论模型设置机制、求解方法、结论分析，实证分析选取变量、模型选择、结论含义等，并立足于已有文献的不足之处来创新拓展已有文献理论研究，并在相应的实证研究上提供了具体经验证据。

1.4.2 定性研究法

本研究运用归纳、演绎、分析及抽象等方法对现有的涉及商用车融资租赁信用风险的相关资料进行加工。首先对商用车融资租赁的范畴、行业背景和主要模式进行了阐述，接着对商用车融资租赁的风险来源、影响因素和管理方式进行了介绍，然后对大数据的基本概念和其在商用车融资租赁中的应用前景进行了分析。以上定性研究，作为本研究理论构建和实证检验的分析理论基础。

1.4.3 案例研究法

本研究以B融资租赁公司为例，研究探讨商用车领域融资租赁的风险管理。通过应用SWOT分析方法，揭示了该公司融资租赁业务存在的优势、劣势、机会和风险，运用COSO风险管理框架的八大要素（内部环境、目标设定、事项识别、风险评估、风险应对、控制活动、信息与沟通、监控）对公司融资租赁业务进行风险评估。分析了该公司开展融资租赁过程中出现的问题，从建立风险评估标准、完善风险管控制度、健全业务操作流程三个方面提出了应对策略，为其他商用车公司有效开展融资租赁业务提供了经验对策。

1.4.4 实证研究法

本研究在舒扬等（2017）采用Logistic模型对汽车贷款违约研究的基础上，运用回归分析模型，结合B融资租赁公司业务实际情况和可得数据情况，从客户特征、项目特性、信用特征等方面选取15个指标，探究了其与商用车融资租赁客户逾期率之间的回归结果，判断了回归结果的相关关系和显著程度，评估了模型的功效和预测准确率，并依据回归结果给出了进一步加强融资租赁公司风险控制的对策建议。

1.4.5 大数据研究法

本研究利用大数据挖掘技术，从B融资租赁公司商用车的海量业务数据中，通过迭代分析、查找计算选取了12 343份数据样本，时间区间从2013年到2021年。对大数据样本进行深入筛选分析，优化数据分析处理技术，对无效样本数据作了进一步剔除，最终获得有效样本数据12 238份，其中履约客户11 030份、违约客户1208份，并从客户特征、项目特征、信用特征等方面构建了指标体系。利用该海量数据对商用车融资租赁信用风险进行了实证研究，形成具有普遍意义的研究结论。

1.5 研究内容及特色

1.5.1 研究内容

本书的研究内容包括七个部分。

(1) 绪论。本部分主要论述选题的背景、研究的意义，通过对国内外融资租赁的发展现状与背景分析，提出了本研究将要重点研究和解决的问题，阐明研究思路和研究方法。对融资租赁相关的研究文献进行了分析，着重对融资租赁的概念发展和融资租赁风险管理两个方面进行了系统的梳理和述评，在此基础上，提炼出相关研究启示。

(2) 商用车融资租赁风险管理理论基础。本部分主要根据风险管理理论提炼出融资租赁风险管理的基础理论，其次，对商用车融资租赁概念内涵进行了界定，介绍了融资租赁的业务模式和操作模式，分析了融资租赁风险的来源、影响因素和管理方式及其大数据理论在商用车融资租赁行业的使用。

(3) 商用车融资租赁宏观环境及发展规模。本部分首先对国内外汽车融资租赁的变迁和发展现状进行了描述性分析，对影响我国汽车融资租赁特殊的制度环境进行了提炼，指出政策环境、社会环境、经济环境和技术环境是当前中国汽车融资租赁基本的制度环境。制度背景的分析为后面的实证检验做了充分的理论铺垫。

(4) 商用车融资租赁风险影响因素的实证分析。本部分在舒扬等(2017)采用 Logistic 模型对汽车贷款违约研究的基础上，运用回归分析模型，结合国内 B 融资租赁公司业务实际情况和可得数据情况，通过迭代分析、查找计算选取了 12 343 份数据样本，时间区间从 2013 年到 2021 年。对大数据样本进行深入筛选分析，优化数据分析处理技术，对无效样本数据作了进一步剔除，最终获得有效样本数据 12 238 份，其中履约客户11 030份、违约客户 1 208 份，并从客户特征、项目特征、信用特征等方面构建了指标体系，探究了其与商用车融资租赁客户逾期率之间的回归结果，判断了回归结果的相关关系和显著程度，评估了模型的功效和预测准确率，并依据回归结果给出了进一步加强融资租赁公司风险控制的对策建议。

(5) 基于商用车融资租赁风险管理的研究——以徐工汽车为例。本部分进一步考察商用车融资租赁风险的影响，通过案例分析的方法，以徐州徐工汽车有限公司为例，研究探讨商用车领域融资租赁的风险管理。应用 SWOT 分析方法揭示了该公司融资租赁业务存在的优势、劣势、机会和风险，运用 COSO 风险管理框架的八大要素(内部环境、目标设定、事项识别、风险评估、风险应对、控制活动、信息与沟通、监控)对公司融资租赁业务进行风险评估。分析了该公司开展融资租赁过程中出现的问题，从建立风险评估标准、完善风险管控制度、健全业务操作流程三个方面提出了应对策略，为其他商用车公司有效开展融资租赁业务提供了经验对策。

(6) 融资租赁业务会计准则相关问题研究。本部分运用比较分析方法，对国内外融资租赁业务会计准则进行了研究，包括准则制定的背景、意义，准则规范的范围及有关定义，从承租人和出租人两个视角对融资租赁和经营租赁会计业务核算进行了分析，重点研究了“内含利率”在融资租赁资产业务核算中的应用。融资租赁资产初始确认和后续摊销是采用同一个“内含利率”还是采用两个不同的“利率”进行核算是研究(观点分歧)的焦点所在。本部分论述了两种不同观点的依据，举实例比较了两种观点所带来的不同核算结果，最终确定采用同一个“内含利率”更符合财政部会计准则规定要求，并以此为基础设置了相应的账务处理。

(7) 研究结论与展望。本部分着重概括了本研究的基本结论，提出了本研究的创新点，最后指出本研究的研究局限及未来可能的研究方向。

1.5.2 研究特色

本研究的研究特色主要体现在以下五个方面。

(1) 在研究对象上，与以往文献多研究商业银行风险管理不同。汽车融资租赁和银行一样，同属金融风险管理领域，但现有的文献研究却少之又少，随着中国汽车市场的不断扩大，汽车金融、融资租赁的渗透率也会越来越高，随之而来的汽车金融风险控制问题不容回避。本研究以汽车融资租赁风险管控作为直接变量进行研究。

（2）在研究视角上，以往文献多直接研究乘用车汽车金融或融资租赁及其风险管控，忽视了商用车汽车金融的特殊性。本研究从我国商用车市场的发展和融资租赁宏观环境两个具体的制度环境出发，考察其对商用车融资租赁风险管理的影响。

（3）在研究范围上，以往的研究多侧重考察国内汽车融资租赁风险管理，即汽车融资租赁风险管理影响因素，很少涉及国外汽车融资租赁风险管理。本研究重点考察了国内外汽车融资租赁及其风险管理，研究范围既包含国内外汽车融资租赁的市场发展、汽车租赁平台的发展，也包括汽车融资租赁的风险管理以及融资租赁的会计业务核算问题，研究内容多，研究范围广。

（4）在研究背景上，本研究密切关注我国商用车融资租赁市场制度。与国外相比，我国商用车无论是市场发展规模还是汽车金融渗透率都有很大区别，汽车金融和融资租赁相应的法规制度也不断完善。因此，通过当前特殊的制度环境研究商用车融资租赁显得十分必要，客观、及时的研究结论为进一步发展和完善商用车融资租赁制度提供了政策建议和经验证据。

（5）在研究方法上，本研究以定性分析和定量分析相结合，从当前特殊的国情出发，综合运用了多元线性回归（含分阶段回归分析）、比较分析、SWTO 分析、案例分析等方法探讨了商用车、融资租赁、风险管理之间的关系。

第 2 章

商用车融资租赁风险管理基础理论

本章是商用车融资租赁风险管理理论构建和实证检验的分析基础。首先，对商用车融资租赁的概念内涵进行界定。接着，综合评判了商用车融资租赁的主要业务模式和操作模式，作为本研究研究的重要理论背景。然后，阐述了商用车融资租赁风险管理相关理论，介绍了商用车融资租赁的风险来源、影响因素和管理方式。最后，介绍了大数据技术相关理论和应用方向，强调了如何在大数据技术背景下对客户信用风险进行有效控制。

2.1　商用车融资租赁概念内涵

2.1.1　相关概念的界定

2.1.1.1　融资租赁

《中华人民共和国合同法》规定“融资租赁合同是指出租人根据承租人对出卖人、租赁物的选择，向出卖人购买租赁物，提供给承租人使用，承租人支付租金的活动”。融资租赁的实质是转移与资产所有权有关的全部或绝大部分风险和报酬的租赁，是一种融资和融物相互结合的信用形式。其特征如下：① 三方参与（出租人、承租人与供应商）、多个合同（两个或两个以上）；② 承租人自主选择租赁物和供货商，出租人承担购买租赁物的实际出资责任；③ 使用权和所有权相分离，承租人享有租赁物的使用权，并负责租赁物在租赁期间的维修保养服务；④ 租金可以覆盖出租人购买租赁物的本息支出；⑤ 租赁期满后，承租人可以通过续租、留购和退租三种方式处理租赁物。

2.1.1.2 汽车融资租赁

汽车融资租赁是以汽车为租赁标的物的融资租赁活动，承租方为汽车消费者，出租方为汽车融资租赁公司。汽车融资租赁、汽车信贷是汽车金融的两种典型模式。汽车融资租赁通常包含以下条件：① 承租人支付的租金实质上是汽车的使用补偿费，当其可以覆盖汽车自身价值时，承租人有权获得汽车的所有权；② 合同期满后，承租人可通过补足金额购买汽车、返还汽车、继续租赁等方式处理租赁物。

2.1.1.3 商用车融资租赁

商用车融资租赁，是相对于乘用车融资租赁而言的，是按车辆属性进行的分类。商用车，在设计和技术特征上，是专门用于运送人员和货物的汽车。商用车一般为营运性质，为营运收益购车；乘用车一般为非营运性质，为消费使用购车。商用车中又可划分为客车和货车两大类。商用车融资租赁则是以商用车为租赁标的物的融资租赁活动。

2.1.2 商用车融资租赁与经营租赁、消费信贷的区别

2.1.2.1 商用车融资租赁与经营租赁的区别

商用车融资租赁与传统意义上的经营租赁存在以下不同之处：① 程序不同，经营租赁是由出租方先购买汽车再寻找承租方的租赁方式，融资租赁则是由承租方先提出购车要求或直接从供应商处选定再由出租方支付资金的租赁方式。② 目的不同，承租方通过经营租赁是为获取汽车的短暂使用权，融资租赁下承租方主要是为购买汽车进行融资。③ 期限不同，经营租赁通常期限较短，融资租赁期限较长(接近汽车的生命周期)。④ 合同权责不同，经营租赁合同通常可提前撤销，融资租赁合同通常不可撤销，同时关于汽车的维修保养，经营租赁、融资租赁分别由出租方和承租方承担。⑤ 期满设备处置不同，经营租赁期满由出租方收回汽车，融资租赁可通过续租、购买、退还等方式处理汽车。⑥ 总额不同，经营租赁租金总额相对较小，融资租赁总额相对较大(接近汽车的本身价值)。⑦ 实质不同，经营租赁仅转移了汽车的使用权，融资租赁转移了汽车的全部报酬和风险。

2.1.2.2　商用车融资租赁与消费信贷的区别

从共同点来看，商用车融资租赁与消费信贷均是通过分期付款方式缓解消费者的支付压力，而最终有效获得汽车的使用权，并有助于汽车销售、促进汽车产业链周转速度加快。但二者在实际操作中，仍有较多不同点：① 首付额度不同，消费信贷首付比例相对较高（一般为 20%～50%），商用车首付比例相对较低（一般在 10%以下，部分平台甚至为 0）。② 所有权归属不同，消费信贷中消费者拥有汽车所有权，融资租赁中融资租赁公司拥有汽车所有权。③ 信贷审核不同，消费信贷的资信要求更高、程序更复杂，融资租赁的资信要求较低、流程相对简单。

2.1.3　商用车融资租赁的社会价值

商用车融资租赁作为汽车金融的重要形式，相对于消费信贷拥有很多突出优势，门槛低、程序简单，有助于将汽车金融拓展到更多消费人群，覆盖到以前资信相对不足的群体，特别是三四线城市和农村市场。此外，商用车融资租赁对很多新兴企业也是重大利好，有助于拓展汽车销售渠道、完善汽车流通体系。细分主体来看：① 对消费者而言，商用车融资租赁通过降低购车门槛、简化购车流程，可以使消费者缓解支付压力、覆盖更多人群、更加方便购车等。② 对企业而言，商用车融资租赁拓宽了汽车金融业务渠道、创造了汽车产业链的更多盈利点。③ 对行业而言，商用车融资租赁拓展了汽车销售渠道、促进了汽车销售增长、丰富了汽车金融形式内涵。

2.2　商用车融资租赁主要模式

2.2.1　业务模式

目前，商用车融资租赁行业中较为普遍的业务模式有直接租赁和售后回租两种模式。

2.2.1.1 直接租赁

直接租赁指融资租赁公司依据承租人的要求购买指定车辆，与供货商签订车辆买卖合同，再与承租人签订融资租赁合同，承租人按照合同约定定期向融资租赁公司支付租金。在租赁期间，车辆所有权归属融资租赁公司，待租赁期满后可依据合同约定确定所有权归属。

直接租赁模式的优点如下：

① 有利于融资租赁公司控制风险。直接租赁模式下，车辆通常登记在融资租赁公司名下，对于风险项目，融资租赁公司可以有效控制车辆，进行回收处置；同时，车辆登记在融资租赁公司名下，可以防止承租人将车辆进行抵押和转卖，可以有效防范善意第三人。

② 直接租赁模式下，由融资租赁公司负责对接供应商直接购买车辆，批量购车使得融资租赁公司对于供应商而言有一定的议价能力，在赚取融资利差的同时，融资租赁公司也可以赚取零售利差、保险返点等收入，盈利点更加多元化。

③ 直接租赁模式下，融资租赁公司可代为承租人办理相关购车手续，提供更为便捷多样的融资服务。

直接租赁模式存在的问题：① 车辆登记在融资租赁公司名下，会造成公司管理成本的上升；② 直租模式下，车辆在运营过程中所发生的损坏及事故等风险需由融资租赁公司承担。

2.2.1.2 售后回租

售后回租是指承租人将自有车辆出卖给融资租赁公司，同时与融资租赁公司签订融资租赁合同，再将车辆从融资租赁公司租回的租赁形式。售后回租的模式下车辆需抵押至融资租赁公司，租赁期结束后解除抵押，车辆归还承租人所有。

售后回租模式的优点如下：

① 车辆登记在承租人名下，融资租赁公司承担的事故风险相对较低。

② 相比于直租模式，售后回租模式可以支付给承租人一定的资金，可以有效帮助承租人盘活资产。

售后回租模式存在的问题：① 存在善意第三人风险。售后回租模式下，车辆登记在承租人名下，若未抵押给融资租赁公司，会存在承租人自行将车辆出售、抵押、出质给第三人的风险。② 当承租人存在对外负债，被起诉或强制执行时，司法机构可对车辆进行保全或执行，增加了融资租赁公司的处置成本。

2.2.2　操作模式

根据资本方的性质划分，目前参与商用车融资租赁的资本方主要集中为三大类：厂商系租赁公司（一汽财务、东风财务、陕汽德银租赁、重汽豪沃金融、福田中车租赁等）、综合性融资租赁公司（平安租赁、海通恒信租赁等）、专业性融资租赁公司（狮桥、同岳租赁等）。

相比于乘用车融资租赁业务，商用车的运营必须取得相关运营资格，而大多数的融资租赁公司并不具备运营资质，需要依托于物流挂靠，故现阶段商用车融资租赁较多采用售后回租的方式。车辆上户在承租人或承租人指定的挂靠公司名下，并通过回租的方式将车辆租回，同时将车辆抵押至融资租赁公司。

就商用车的特性而言，均需以实际项目作为支撑，一般情况下项目的来源基本为运输公司和承租人自身两个方面，而运输公司和经销商之间也存在着千丝万缕的关系，故在实际操作中经销商担保模式成为商用车融资租赁业务中较为普遍的操作模式。在此模式下，经销商对项目承担担保/回购责任，车辆挂靠在车队，并按照融资租赁公司的要求安装 GPS，经销商同时也承担对车辆的回收处置等义务，融资租赁公司对经销商进行授信管理，通过管控经销商来控制业务风险。此外，部分承租人主体为大规模的物流运输公司，拥有车辆运营资质和稳定的项目来源，承租人从经销商处购买车辆后挂靠在自身名下，直接与融资租赁公司开展业务往来，经销商不承担担保责任。此操作模式下，融资租赁公司重点关注承租人的公司资质、财务情况、历史经营情况、上下游行业背景等。

2.3　商用车融资租赁风险管理概述

本节重点阐述商用车融资租赁风险管理相关理论，介绍商用车融资租赁的风险来源、影响因素和管理方式，作为商用车融资租赁风险管理理论构建和实证检验的分析基础。

2.3.1　商用车融资租赁风险来源

与欧美国家等成熟市场相比，我国商用车融资租赁起步较晚、基础较弱，缺乏丰富的经营运作经验，管理能力也亟待提升，因此不可避免存在较多的风险。

整体来看，骗贷和违约是商用车融资租赁面临的两种最大的风险。根据业务开展流程，又可区分为租前、租中和租后风险。

2.3.1.1 租前风险

（1）承租人信用风险。融资租赁公司在与承租人签署融资租赁合同之前，会对承租人的基本信息、还款能力、信用情况、还款意愿等进行全方位的审核。但由于目前我国的信用体系仍在逐步创建中，信息不对称是租前审核中的一大难点，会存在承租人提供虚假个人信息、虚构证明材料等情况。同时，目前除银行体系外，部分金融机构对接央行征信存在着很大的困难，一方面造成一些有着不良还款表现的客户在征信中并未体现；另一方面这些金融机构也很难获取承租人真实的历史还款表现，从而影响最终的审核判断。

（2）项目经营风险。有别于乘用车租赁，商用车融资租赁必须以具体的项目经营为支持，项目经营收入是承租人还款的主要来源。故在对商用车融资租赁项目进行租前审核时，也应重点关注项目的经营风险。承租人的历史车辆运营经验、运输货物所处的行业领域、主要运输路线、运营成本等都属于项目的经营风险范畴。运输货物所处的行业领域、行业周期、结算方的经济实力、结算周期等直接关系到承租人是否能有长期稳定的运营收入、是否能定期获得运费结算，从而有足够的资金来支付车辆每月所需偿还的月租金。一旦所运营的项目出现风险，就会直接导致所操作的融资租赁业务存在逾期的风险。

2.3.1.2 租中风险

（1）对抗善意第三人风险。在售后回租模式下，车辆往往登记在承租人名下，从法律关系上来说，融资租赁公司应拥有车辆的所有权。但在实际业务操作中，受到承租人道德等其他层面的影响，往往会出现车辆被承租人私自出售、抵押或者质押的情况，或因承租人因被诉讼等，造成车辆被查封、扣押等风险。增加了融资租赁公司对抗善意第三人的成本，增加了融资租赁公司对车辆的管控成本。

（2）车辆监督管控风险。目前我国的商用车融资租赁业务中，均使用车载 GPS 系统实现对租中车辆的实时监控，但 GPS 服务商存在差异化，对车辆的监督力度也存在差异化。私自拆卸 GPS，造成人车消失的情况时有发生，承租人将 GPS 拆卸后私自在黑市上进行买卖交易，给融资租赁公司带来巨大的风险和损失。同时也存在部分车辆因出险后大修，替换掉原装有 GPS 装置的设备，造成融资租赁公司无法实现对在租车辆的实时监控。

2.3.1.3　租后风险

（1）租赁物处置风险。若租赁期满，承租方将车辆退还出租方，将由出租方自行处置租赁物。在租赁物处置过程中，会面临车辆残值纠纷、二手车处理渠道不畅、二手车价值低估等市场风险，会产生无法或推迟进行租赁物处置的风险，并可能造成租赁物处置损失。因此，需要出租方建立相关渠道和团队，以应对租赁物处置风险，并在项目审核中充分考虑租赁物本身价值、流通性及处置难易度等因素。

（2）过户风险。若租赁期满，承租方选择行驶车辆购买权，由于各地车管所的规定有所不同，对融资租赁公司来说，可能存在不能顺利过户的风险。

2.3.1.4　其他风险

融资租赁现有业务模式中，融资租赁公司的获客渠道大部分为汽车经销商或 SP 渠道商（专门给客户提供汽车金融服务的渠道服务商），通过第三方进件客户会存在因经销商或 SP 渠道商因自身利益考量串通客户提供虚假资料等的风险。同时，融资租赁公司内部也存在着管理风险和人为操作风险。现有的操作流程一般为人工操作，会存在因人为失误导致的业务风险。

2.3.2　商用车融资租赁风险影响因素

2.3.2.1　承租方的信用和偿付能力

商用车融资租赁业务主要是指出租方放弃汽车使用权并将自己的资金融通给承租方，承租方通过获得汽车的使用权并承担按时支付租金的义务。因此，承租方的信用状况及其经营、财务状况是商用车融资租赁合同能够顺利执行下去的关键保障。对此，在租赁前的资格审查阶段要特别注重规避信息不对称风险，在签订合同后加强对承租方资产状况的跟踪管理。

2.3.2.2　融资租赁方式复杂程度

商用车融资租赁的交易模式相对复杂，包含出租方、承租方、供应商等三方主体，双方之间会签订两个及以上的融资租赁合同。合同越多，参与主体越多，操作方式越复杂，面临的风险也就越大。对此，融资租赁公司不仅要掌握融资租赁业务方法，还要熟悉汽车市场、相关合同的法律法规，以及必要的谈判技术等。

2.3.2.3 融资利率高低

受金融严监管、去杠杆的影响，作为出租方的融资租赁公司，面临融资难、融资贵等困境。为了进一步获利，融资租赁会将这部分利息费用通过收取更高利息的方式向承租方转嫁。但一般愿意接受高代价的承租方，通常又是经营业绩较差、财务状况不佳、满足不了银行信贷的企业。这些承租方本身资信实力不强，若再加上高利率租金，会进一步加大其资金压力，引发流动性风险。

2.3.2.4 相关法律、法规、政策

我国融资租赁相关的法律法规和配套政策尚不健全，针对商用车融资租赁的权利义务、行业监管、税收政策、争议解决等方面仍存在不少问题，是融资租赁政策风险的主要影响因素。

2.3.3 商用车融资租赁风险的管理方式

2.3.3.1 风险评估

风险评估，指量化测评某一事件带来的影响或损失的可能程度。商用车融资租赁公司在开展项目前，要对项目进行科学的风险评估，即通过科学的信用风险评估体系，对承租人的资信状况、盈利能力、还贷能力等实施尽职调查，运用现代化的信用风险评估方法实施精确量化分析，从而识别出高质量、高资信的客户群体。

2.3.3.2 风险控制

风险控制，是指风险管理者采取措施降低或消灭风险发生的可能性或者减少风险发生时造成的损失。商用车融资租赁风险控制可以采取风险转嫁（如资产买断）、风险担保（如无追索保理）、风险分散（如资产证券化）、风险抑制（如加强资产管理）等策略，以有效实现风险控制，最大程度减少公司损失。

2.3.3.3 风险处理

风险处理，是指采取措施方法将风险损失降低到最低程度。商用车融资租赁风险处理的手段包括加强租金催收工作、充分了解承租人租后资产状况、合理处理不良资产、商讨可接受的修订租金协议等，当风险发生时，要对风险进行及时消化，以保持充足的自有资本。

2.4　大数据相关理论及应用

2.4.1　大数据基本理论

2.4.1.1　基本特性

随着互联网、物联网、云计算、社交网络的兴起，数据规模越来越大，标志着大数据时代的到来。数据已经渗透到每一个行业领域，逐渐成为重要的生产要素，对于海量数据的充分运用将预示着新一波生产率增长和消费者盈余浪潮的到来。大数据是一种现代数据集合，相对于传统数据具有“4V”特点：① 规模性(Volume)，大数据的规模相对庞大，而且数据增长速度也远超传统数据集合；② 多样性(Variety)，大数据包含的数据种类多，类型复杂而且结构多元；③ 实时性(Velocity)，大数据具有高效实时的响应机制，以及迅速准确的数据处理流程；④ 价值性(Value)，大数据由于其海量多样特点，可挖掘的空间和价值十分可观。由于大数据种类繁多、结构复杂、数据量庞大、发展迅速、价值空间大，借助于常规软件和传统方法无法实现对大数据的有效处理，亟须借助先进、前沿的数据挖掘技术，才能对这些海量数据进行存储、过滤、筛选、处理，从而提升数据处理质量与效率，及时发展信息特性，从而带来巨大经济效益。

2.4.1.2　发展方向

大数据属于时代发展的产物，其价值相对较高。随着各项数据处理技术的提升，人们能够逐步实现对数据的有效处理，提升信息使用效率，对经济发展起到一定推进作用。目前，在大数据发展进程中，其所对应的发展方向包括：

(1) 来源方向。可以对大数据来源进行深入筛选分析，剔除无效信息，提升数据质量和分析结果精度。

(2) 存储管理方向。针对大数据中的结构化数据和非结构化数据，需要依据数据特性进行相应管理。

(3) 计算处理方向。为了更好实现大数据的有效使用，需要借助相应的计算技术，包括迭代分析、缓和计算、查找等。

(4) 分析挖掘方向。伴随大数据的数据规模的提升，以及分析时间的较高要求，需对数据分析技术给予相应优化，从而提升数据分析效率。

(5) 直观化方向。可视化技术使得大数据的呈现更为简单，为数据使用奠定较好基础，从而方便使用人员制定决策。

(6) 安全方向。提升数据的安全性，构建出对应的预警机制，包括用户权限设置、加密保护等。

2.4.2 大数据在商用车融资租赁行业中的应用

2.4.2.1 数据来源类型

商用车融资租赁行业的大数据包括人、车、环境三个来源。在车联网出现之前，关于车主的大数据比较多。当车联网出现后，车和环境的大数据越来越多。其主要来源包括：

(1) 汽车销售企业，提供了第一手比较全面的客户信息，包括现实客户和潜在客户。

(2) 社交资讯和搜索平台，提供了潜在客户偏好等相关的大数据信息。

(3) 电商购物及支付平台，提供了客户购买记录、支付信息、第三方平台使用情况等信息。

(4) 金融、保险机构，提供了客户在银行或其他金融机构的存贷款、信用、理赔等信息。

(5) 汽车维修店，提供可得监测、维修、保养等信息。

(6) 公安交管和车管部门，提供客户的抵押、查封等登记信息，以及违法违章记录。

(7) 消费场所，客户在停车场、加油站等场所留下的消费和监控记录。

(8) 车联网数据终端，通过车联网 GPS、传感器等装置，收集汽车位置、速度和路线等信息。

从大数据来看，商用车融资租赁行业的大数据，不仅包括传统的统计数据，还包括实时、连续发生的交易数据、行为数据、传感数据等。大致可分为以下几类：

(1) 客户的身份数据，包括姓名、年龄、民族、教育背景、工作单位、婚姻状况、职业职务等信息。

(2) 客户的交易数据，包括商用车相关的消费数据（汽车金融、保险、维修和养护等），也包括其他消费数据，如就餐购物、休闲娱乐、医疗、商务出行等。

(3) 客户的行为数据，包括客户的出行轨迹、驾驶行为、生活行为、消费行为等。

（4）客户的资信数据，包括客户资产实力、信贷情况、信用记录、还款能力等。

总体来说，商用车融资租赁行业的数据呈现出类型繁多、数据量大、碎片化等特点，且数据获取渠道并未完全整合，收集困难相对较大。

2.4.2.2　风险控制应用

借助商用车融资租赁公司业务平台、电商公司的车联网平台、保险公司、金融机构、人行征信系统可以收集海量的客户信息，利用大数据分析等技术，可以从以下几个方面有效提升信用风险控制的质量和效率。

（1）全面反映客户状况。通过客户的差异化特性、风险取向、信用记录、驾驶习惯、交通违法行为、用车情况等数据信息全面反映客户状况。

（2）提高差异化的金融服务。针对不同客户状况，为其量身打造用车金融服务和风险管理服务，提供个性化、更契合客户需求的新型保险产品等。

（3）提升大数据分析研究的深度和广度。通过数据筛选和数据挖掘技术，提炼出有效信息，增加风险控制的针对性，如通过银行资金往来判断车主是否有破产可能，从而采取对应应对措施。

（4）克服传统风险控制技术的时滞性。通过互联网对客户进行实时监测，及时发现客户数据的变化情况，及时获取最新的数据，降低信息不对称风险。

（5）开发更广泛的客户群体。针对部分资信条件相对较弱的客户群体，可利用大数据获取更多零散的信息，经过加工，挖掘出更有价值的增信资料，为客户成功申请到融资租赁提供更有力的保障。

第3章

商用车融资租赁宏观环境及发展规模

3.1　国外汽车融资租赁发展

汽车租赁行业具有超过百年的历史，最初仅限于欧洲市场。第二次世界大战后，汽车租赁行业进入蓬勃发展时期，市场突破了欧洲的地域限制，在世界范围内均呈现出发展之势。经营规模从 20 世纪 80 年代末的 150 亿美元扩张到 2000 年的过千亿美元。从业汽车租赁公司数量也超过了 5 000 家。进入 21 世纪后，国际汽车租赁业务已经渗透到汽车行业的方方面面。

目前，汽车租赁市场发展势头迅猛，汽车租赁行业的增幅遥遥领先于其他服务行业，日趋突出的规模化经营带来的效益规模化是全球汽车租赁行业发展的潮流。2017 年，全球汽车租赁市场规模超过 1 500 亿美元。从业务形式来看，国外汽车租赁企业已经开拓了相当数量的业务渠道和服务形式。在经营租赁的基础上，同时开展融资租赁、二手车销售、车辆保险等多种与之相关的业务。特别是二手车销售成为其重要业务之一，并且通过该业务的开展，使之有效扩大了自身车辆更新的空间。从利润水平来看，欧洲汽车租赁行业的总体利润水平在 5％左右，美国汽车租赁行业总体利润水平在 7％左右，均高于汽车销售行业的 4.46％，从纵向趋势上看已经基本保持稳定。综合以上几种情况可以看出，汽车租赁行业在国外发达国家已经普遍处在行业生命周期中的成长期向成熟期的过渡阶段。从整体分布来看，当前在全球千亿美元的汽车租赁业务中，以欧美国家租赁市场发展最为成熟。全球汽车租赁行业的运营车辆的保有及年需求总数约为 300 万辆（国际汽车租赁公司的汽车更新速度为 8～12 个月）。

3.1.1 美国汽车融资租赁的发展

美国融资租赁业务在全球先行发展，同时融资租赁在汽车销售领域也得到越来越多的应用。从 20 世纪 80 年代开始，汽车融资租赁已经成为一种流行的汽车销售方式，融资模式已经很成熟，采用融资租赁方式销售的汽车比例不断上升。1986 年，12%的轿车选择融资租赁的消费方式，到 1997 年增加到 28%。近几年，美国主要汽车厂商通过融资租赁方式销售汽车数量占其总销量的 30%以上。

美国汽车融资租赁市场的兴旺发展，离不开美国社会一系列深刻的变革。

20 世纪初，美国经济繁荣，国民收入不断增长，生产效率的提升带动了产品价格的下降，社会保障体系逐渐完善，消除了居民消费的后顾之忧。在这些因素的推动下，美国的消费文化也发生了翻天覆地的变化，消费者的消费观念转变为追求生活品质的新型观念。

美国成熟的汽车市场也给融资租赁发展提供了良好的环境。据统计，美国的租赁公司主要分为三种，其中独立的租赁机构约占 40%，有银行背景的租赁机构约占 35%，有厂商背景的租赁机构约占 25%。为什么美国汽车融资租赁行业发展迅速？首先，由于近百年消费信贷的发展，美国征信体系较为完善；其次，完善的新车和二手车交易体系，透明的新车及二手车价格，通过融资租赁购车可抵税政策等都为融资租赁行业的发展提供了有力保障。

反观我国市场，虽然我国已经是全球汽车销售第一大国，但是汽车金融市场尚处于发展早期，我国无论是新车还是二手车汽车金融渗透率均远低于全球的平均水平。

2011 年以来，我国住户消费信贷余额保持了高速增长，2011—2017 年复合增长率为 23%，说明我国居民的信贷消费需求正在快速提升，贷款消费正在成为越来越多人的生活习惯。在我国居民贷款消费水平日益增长的背景下，可以判断未来我国消费者对于汽车金融产品的需求将进一步加大，我国汽车金融行业的发展空间仍然较大。（表 3-1）

表 3-1　2017 年中国、美国与全球汽车金融渗透率结构

地区	汽车贷款渗透率	融资租赁渗透率
全球	55%	15%
美国	34%	46%
中国	35%	5%

3.1.2　德国汽车融资租赁的发展

一段时间以来，德国汽车融资租赁业经历了强劲的上升势头。尤其是在2020 年新冠疫情时期，一些创新灵活的融资租赁形式开始非常流行。根据德国汽车融资租赁平台 Leasingmarkt.de 与德国 EBS 经济与法律大学合作的最新研究，2020 年个人占融资租赁承租人总数的 54%，创历史新高。与此同时，电动和混动车的融资租赁也走上了快车道，超过四分之一的融资租赁承租人在 2020 年选择了电动或混动车，而在 2019 年这一比例还只有十五分之一。

德国汽车融资租赁合同分析。在德国，典型的汽车融资租赁合同期为 36 个月，包含公里数为 1 万公里/ 年，平均租赁费用为 238 欧元/月，租赁车辆的平均市场销售价格为 3.8 万欧元，平均租赁系数为 0.62(租赁系数表示分期付款与车辆总价的关系，通常作为比较租赁报价的比较工具)。该研究对车型与租赁费用关系进行评估表明，与 2019 年相比，2020 年承租人为其租赁车辆支付的费用，小型车平均减少了 11 欧元，SUV 车型甚至少了 26 欧元，而敞篷车和货运车的租赁费用出现增幅。

与德国汽车市场一致，德国大部分承租人选择德国汽车品牌，尤其是大众和奥迪。宝马在 2020 年同比下降了 4.2%，沃尔沃和西雅特子公司 Cupra 首次出现在德国汽车租赁前十名之列。2020 年，德国汽车租赁最受欢迎的车型仍然是大众汽车集团旗下车型。在前十车型中，大众占了 9 个：首位车型仍然是大众高尔夫，占比 8.7%，比上年增长了 1.9%；第二名是大众途观，占比 4.0%且较上一年增幅最大，增长了 3.1%。大众途观的逆势大幅增长凸显了 SUV 在德国汽车市场的繁荣。

奥迪 A3、A4、A6 也特别受欢迎。尤为令人惊喜的是雷诺 ZOE 在 2020 年成为第一款进入前十名的电动车型，也是租赁电动车型中的龙头老大。2020 年德国汽车租赁市场上的选择仍主要落在新车而非二手车上。尽管如此，二手车占租赁总比例还是有所增加，达到 33.1%。

在汽车类型方面，SUV 的势头仍在继续，豪华轿车和商旅车的份额也有所增加。而小型汽车则逐渐失去市场兴趣，比上年下降了 4 个百分点。电动车在德国汽车租赁市场上的表现尤其证明了 2020 年是德国电动汽车市场元年。

传统驱动系统的燃油车占比大幅下降，新能源车走上快车道，四分之一以上租赁车辆为电动或混动车，而且这一趋势仍在快速上升。其中纯电动车增长了9%，混动车增长了 13%。德国市场新能源汽车崛起，除了市场整体发展趋势和消费者接受度等因素外，主要应归因于高额的政府环境补贴。德国政府为 3 万～

6 万欧元售价电动车提供 6 000 欧元环境津贴，混动车为 4 500 欧元。得益于环境津贴，新能源车型 2020 年在德国融资租赁市场上的平均月租费为 174 欧元。德国汽车融资租赁市场私人客户比例在 2020 年仍继续上升，达到 53.8%，创历史新高。这意味着在 2020 年，签订租赁合同的私人客户多于商业客户(46.2%)。商业客户平均每月支付 252 欧元的租赁费，而私人客户则平均每月只为租赁车辆支付 226 欧元。2020 年，德国 87%的汽车租赁合同是由男性签订的，女性仅占 13%。在车辆的选择上，男性承租人最常选择的是大众高尔夫，女性则是菲亚特 500。在车辆动力选择上，男性承租人平均选择 186 马力车辆，女性为 153 马力。在月费上我们也能够看到，女性比男性更加经济，女性平均支付租赁价格为 199 欧元/月，而男性则是 244 欧元/月。租赁市场蓬勃发展，极大地激励了汽车金融公司信心。目前，德国各汽车金融公司都在扩大其租赁产品组合，并越来越多地增加新能源车型。在 2020 年年底，德国汽车专业媒体 AUTOHAUS 对德国汽车融资租赁供应商进行了一项调查，希望了解汽车厂商专属金融机构和独立汽车金融公司在租赁产品方面有哪些最新变化，以及汽车金融公司在 2021 年为创新融资租赁形式设定的目标。该调查结果显示，大部分融资租赁服务供应商都将电动车作为其产品组合的重要部分。

3.1.3 国外汽车融资租赁平台发展

3.1.3.1 赫兹国际租车

赫兹国际租车是全球规模最大的机场通用汽车租赁公司之一，其赫兹品牌是世界上最受认可的品牌之一，代表着优质租赁服务和产品的领先地位。该公司在美国和所有主要欧洲市场拥有广泛的租赁地点网络。该公司是通过其 Donlen 子公司提供全面综合的车辆租赁和车队管理解决方案的领先供应商。赫兹国际租车拥有众多的车型，并提供短期租赁服务一日租、周租和月租。租车门店分布在机场、市中心、近郊的商业中心，以及居住区和旅游胜地。赫兹国际租车作为全球汽车租赁行业的领头羊，在全球拥有 8 500 多个租车门店。报表中显示，截至 2018 年年底，赫兹国际租车营业收入 95.04 亿美元，同比增长了7.96%；营业毛利润 41.49 亿美元，同 2017 年相比增 7.91%，营业净利润一2.27 亿美元，同比增长率下降 169.42%；营业成本 53.55 亿美元，同比增长了 8.01%；营业支出 44.06 亿美元，同比下跌 0.32%。(表 3-2)

表3-2　赫兹国际租车2018年财报指标分析

指标类型	2018年/亿美元	2017年/亿美元	增长比例/%
营业收入	95.04	88.03	7.96
营业成本	53.55	49.58	8.01
营业毛利润	41.49	38.45	7.91
营业支出	44.06	44.20	−0.32
营业净利润	−2.27	3.27	−169.42

2013年4月16日，全球租车巨头赫兹国际租车与我国租车业领导品牌神州租车联合宣布，双方正式签署合作协议并启动全面战略合作。根据协议，赫兹国际租车将战略投资神州租车，获得神州租车近20%的股权及一名董事会席位。同时，神州租车将收购并整合赫兹国际租车在我国的所有租车业务。赫兹国际租车与神州租车在资本、业务、管理、技术等各层面开展全面深入的合作。根据双方达成的协议，赫兹国际租车除向神州租车投入巨额资本外，还将为神州租车的快速发展提供全面支持，包括其近百年租车管理的专业经验、行业领先的各项技术和工具，以及丰富的全球客户资源；根据协议，神州租车将接入赫兹国际租车的全球预订体系，双方信息系统将实现无缝对接，从而共享客户、车队及服务网络等各项资源。

3.1.3.2　美国AutoNation汽车零售商

AutoNation于1981年成立于美国特拉华州，总部在佛罗里达州劳德代尔堡，是美国最大的汽车零售商，主要提供新车和二手车的整车、部件零售和服务以及汽车金融类产品服务。截至2018年12月31日，该公司专营33个汽车品牌的326款车型，其中92%是由丰田、福特、本田、日产、通用、奔驰、宝马、克莱斯勒和大众提供的，同时这些汽车也是按照品牌来进行部门运营的，对应的部门分管相应的二手车销售、售后服务以及金融保理，公司还拥有和经营85个AutoNation品牌的事故车维修中心。AutoNation公司还进入了发展速度迅速的电子商务领域。在AutoNation公司的网站上，顾客能够购买汽车和为新车或旧车上保险。公司的网站提供10万多辆汽车的货物清单，基本都是授权公司进行代理的商家所提供的。AutoNation于1990年5月11日在美国纽约证券交易所上市。AutoNation公司2018年的营业收入214.13亿美元，营业毛利润33.97亿美元，相比2017年有所增加，营业净利润3.96亿美元，同比收入增长率下降0.57%，营业净利润增长率同比增长−8.88%。（表3-3）

表 3-3　AutoNation 2014—2018 年利润表　　单位:亿美元

报告期	2014 年	2015 年	2016 年	2017 年	2018 年
营业收入	189.31	207.15	216.09	215.35	214.13
其他收入	1.78	1.47			
营业总收入	191.09	208.62	216.09	215.35	214.13
营业成本	161.20	176.01	182.96	181.76	180.16
营业毛利润	29.89	32.62	33.13	33.59	33.97

打造自身品牌,围绕主营进行延展。2013 年,AutoNation 开始打造自身的零售品牌,以客户为中心,从新车销售到二手车的销售以及其他服务,都统一使用 AutoNation 品牌。利用与第三方供应商的合作关系采购品牌零件,另外推出自有的高品质配件,以满足车主在品质与外观方面的需求。在售后维修业务方面,不仅拥有自主经营的店铺,还与其他维修服务商进行合作,以全方面满足售后维修需求。2018 年,AutoNation 开设了 9 家事故维修中心,同时也收购了 2 家事故维修中心,未来还会持续新开设和收购事故维修中心。此外,AutoNation 不仅对现有业务进行投资经营,还计划对战略伙伴进行投资,重点是新兴的数字技术领域。AutoNation 近年来采取高效率运营,低库存运作。通过智能化监控经济环境以及汽车周期性销售变化,把控库存,减少高积压,提高资金使用效率;把控流程节点,实现高效率运营。表 3-4 中选取了 AutoNation 2016—2018 年的营运能力指标,第一个是营运周期,营运周期是指从取得存货开始到销售存货并收回现金为止的这段时间,三年中营运周期稍微有所增加,但总体变化不大。存货周转天数 2018 年与 2016 年持平,2017 年存货周转天数较低。存货周转率越高的话说明存货的流动性越强,企业的短期偿债能力以及获利能力越强,数据显示 2017 年的存货流动性最强,但三年的数据差异性不明显。

表 3-4　AutoNation 2016—2018 年营运能力指标

指标	2016 年	2017 年	2018 年
营运周期	86.44 天	86.23 天	87.65 天
存货周转天数	70.17 天	68.19 天	70.1 天
存货周转率	5.13 次	5.28 次	5.14 次

3.2　商用车融资租赁发展的宏观环境

3.2.1　政策环境

3.2.1.1　《汽车金融公司管理办法》

2003 年 11 月，中国银行业监督管理委员会正式发布《汽车金融公司管理办法》，正式对汽车金融公司的设立、出资条件以及功能定位等作出了规定。其中提到《汽车金融公司管理办法》的出台主要是为适应汽车金融服务业发展的需要，规范经营汽车金融业务的非银行金融机构的行为，中国银行业监督管理委员会负责对汽车金融公司的监督管理。《汽车金融公司管理办法》的颁布实施是我国履行加入世界贸易组织有关承诺、规范汽车消费信贷业务管理的重要举措，对培育和促进汽车融资业务主体多元化、汽车消费信贷市场的专业化产生了积极和深远的影响，并对促进我国汽车产业发展、推动国民经济持续健康发展等各方面都发挥了积极的作用。

2008 年，中国银行业监督管理委员会发布《汽车金融公司管理办法》的修订版，其中对汽车金融公司的业务范围以及融资渠道进行了扩充。经中国银行业监督管理委员会批准，汽车金融公司可从事下列部分或全部人民币业务：

（1）接受境外股东及其所在集团在华全资子公司和境内股东 3 个月（含）以上定期存款；

（2）接受汽车经销商采购车辆贷款保证金和承租人汽车租赁保证金；

（3）经批准，发行金融债券；

（4）从事同业拆借；

（5）向金融机构借款；

（6）提供购车贷款业务；

（7）提供汽车经销商采购车辆贷款和营运设备贷款，包括展示厅建设贷款和零配件贷款以及维修设备贷款等；

（8）提供汽车融资租赁业务（售后回租业务除外）；

（9）向金融机构出售或回购汽车贷款应收款和汽车融资租赁应收款业务；

（10）办理租赁汽车残值变卖及处理业务；

（11）从事与购车融资活动相关的咨询、代理业务；

（12）经批准，从事与汽车金融业务相关的金融机构股权投资业务；

（13）经中国银行业监督管理委员会批准的其他业务。

《汽车金融公司管理办法》的修订版中增加了汽车金融公司的几项业务，如经批准，可发行金融债券、可以从事同业拆借等，增加了汽车金融公司的融资渠道。另外，风险控制与监督管理政策方面更加严格，从仅要求资本充足率不得低于10%的要求到资本充足率不低于8%，核心资本充足率不低于4%，自用固定资产比例不得超过资本净额的40%等，也就是从单一资本充足率的要求到资本充足率补充核心资本充足率、单一借款人的授信余额、单一集团客户的授信余额、对单一股东及其关联方的授信余额多角度要求，中国银行业监督管理委员会还可根据需要对指标数值进行调整，监管更加灵活。

3.2.1.2 《汽车贷款管理办法》

2004年8月，中国人民银行、中国银行业监督管理委员会颁布了《汽车贷款管理办法》，但随着时间的推移，该《汽车贷款管理办法》不能满足汽车贷款管理的需要，为了进一步支持汽车消费，规范化管理汽车贷款业务，防范汽车贷款风险，2017年发布修订版《汽车贷款管理办法》，2004年版的《汽车贷款管理办法》废止。本次修订也进一步明确了汽车贷款等的相关概念，增加了汽车贷款的分类方式。

第一，关于贷款人的定义。2004年版的《汽车贷款管理办法》所称贷款人是指在中华人民共和国境内依法设立的、经中国银行业监督管理委员会及其派出机构批准经营人民币贷款业务的商业银行、城乡信用社及获准经营汽车贷款业务的非银行金融机构。2017年修订版的《汽车贷款管理办法》中所称贷款人是指在中华人民共和国境内依法设立的、经中国银行业监督管理委员会及其派出机构批准经营人民币贷款业务的商业银行、农村合作银行、农村信用社及获准经营汽车贷款业务的非银行金融机构。由之前的商业银行、城乡信用社等更改为商业银行、农村合作银行、农村信用社等，更符合目前对于金融机构的定义。

第二，新增新能源汽车概念。2004年版的《汽车贷款管理办法》中所称自用车是指借款人通过汽车贷款购买的、不以营利为目的的汽车；商用车是指借款人通过汽车贷款购买的、以营利为目的的汽车；二手车是指从办理完机动车注册登记手续到规定报废年限一年之前进行所有权变更并依法办理过户手续的汽车。2017年修订版的《汽车贷款管理办法》中自用车是指借款人通过汽车贷款购买的、不以营利为目的的汽车；商用车是指借款人通过汽车贷款购买的、以营利为目的的汽车；二手车是指从办理完注册登记手续到达到国家强制报废标准之前进行所有权变更并依法办理过户手续的汽车；新能源汽车是指采用新型动力系统，完全或者主要依靠新型能源驱动的汽车，包括插电式混合动力（含增程式）汽车、纯电动汽车和燃料电池汽车等。关于新能源汽车贷款的车型选择，可在《汽车贷款管理办法》的基础上参考工业和信息化部发布的《新能源汽车推广应用推荐车型目录》。

第三，风险管理中的汽车贷款比例增加。2004 年版的《汽车贷款管理办法》中贷款人发放自用车贷款的金额不得超过借款人所购汽车价格的 80%；发放商用车贷款的金额不得超过借款人所购汽车价格的 70%；发放二手车贷款的金额不得超过借款人所购汽车价格的 50%。2017 年修订版的《汽车贷款管理办法》中汽车贷款发放实施贷款最高发放比例要求制度，贷款人发放的汽车贷款金额占借款人所购汽车价格的比例，不得超过贷款最高发放比例要求；贷款最高发放比例要求由中国人民银行、中国银行业监督管理委员会根据宏观经济、行业发展等实际情况另行规定。修订后的汽车贷款金额主要取决于贷款最高发放比例，贷款最高发放比例由两大主体根据经济等实际情况制定，有较大的能动性。

3.2.1.3 《外商投资租赁业管理办法》

《外商投资租赁业管理办法》于 2005 年 1 月 21 日在商务部第 1 次部务会议审议通过，自 2005 年 3 月 5 日起施行。《外商投资租赁业管理办法》所称租赁财产包括：

（1）生产设备、通信设备、医疗设备、科研设备、检验检测设备、工程机械设备、办公设备等各类动产；

（2）飞机、汽车、船舶等各类交通工具；

（3）（1）、（2）项所述动产和交通工具附带的软件、技术等无形资产，但附带的无形资产价值不得超过租赁财产价值的 1/2。

《外商投资租赁业管理办法》对于外商融资租赁公司的租赁财产进行了规定，其中提到了交通工具中的汽车资产，促进了汽车租赁行业企业形式的多样化，汽车融资租赁首次被正式肯定。

3.2.1.4 《企业集团财务公司管理办法》

中国银行业监督管理委员会于 2006 年出台《企业集团财务公司管理办法》，规定财务公司可以经营下列部分或者全部业务：

（1）对成员单位办理财务和融资顾问、信用鉴证及相关的咨询、代理业务；

（2）协助成员单位实现交易款项的收付；

（3）经批准的保险代理业务；

(4) 对成员单位提供担保;

(5) 办理成员单位之间的委托贷款及委托投资;

(6) 对成员单位办理票据承兑与贴现;

(7) 办理成员单位之间的内部转账结算及相应的结算、清算方案设计;

(8) 吸收成员单位的存款;

(9) 对成员单位办理贷款及融资租赁;

(10) 从事同业拆借;

(11) 中国银行业监督管理委员会批准的其他业务。

另外,符合条件的财务公司,可以向中国银行业监督管理委员会申请从事下列业务:

(1) 经批准发行财务公司债券;

(2) 承销成员单位的企业债券;

(3) 对金融机构的股权投资;

(4) 有价证券投资;

(5) 成员单位产品的消费信贷、买方信贷及融资租赁。

《企业集团财务公司管理办法》中关于财务公司经营业务的规定,发行券、从事同业拆借等业务有助于拓宽汽车财务公司的融资渠道,为汽车融资赁的业务扩张提供了更多的资金来源。

3.2.1.5 《动产抵押登记办法》

2007 年,国家工商行政管理总局发布《动产抵押登记办法》,同时宣布《企业动产抵押物登记管理办法》废止,可以发现抵押登记的性质有所改变。《动产抵押登记办法》中第二条企业、个体工商户、农业生产经营者以现有的以及将有的生产设备、原材料、半成品、产品抵押的,应当向抵押人住所地的县级工商行政管理部门办理登记。未经登记,不得对抗善意第三人。动产抵押登记可由抵押合同双方当事人共同向动产抵押登记机关办理,也可以委托别人向动产抵押登记机关办理。

《动产抵押登记办法》中第三条明确,当事人办理动产抵押登记,应当向动产抵押登记机关提交下列文件:

(1) 经抵押合同双方当事人签字或者盖章的《动产抵押登记书》;

(2) 抵押合同双方当事人主体资格证明或者自然人身份证明文件。

委托代理人办理动产抵押登记的,还应提交代理人身份证明文件和授权委托书。

可以看出政策中简化了动产抵押登记的程序,对动产抵押登记范围人也进行了调整，并将其抵押登记的部门下放到县级工商行政管理部门。

3.2.1.6 《汽车产业调整和振兴规划》

2009年，为推动产业升级，促进我国汽车产业持续、健康、稳定发展，国务院发布了《汽车产业调整和振兴规划》。其中政策措施提到要促进和规范汽车消费信贷。修改和完善汽车消费信贷制度，抓紧制订汽车消费信贷管理条例，使资信调查、信贷办理、车辆抵押、贷款担保、违约处置等汽车消费信贷全过程实现规范化、法制化。支持符合条件的国内骨干汽车生产企业建立汽车金融公司。促进汽车消费信贷模式的多元化，推动信贷资产证券化规范发展，支持汽车金融公司发行金融债券等。支持龙头企业成立汽车消费金融公司，完善汽车消费信贷制度，推动汽车消费信贷业务发展。

3.2.1.7 关于规范金融租赁公司和汽车金融公司发行金融债券行为的公告

2009年，中国人民银行、中国银行业监督管理委员会为规范金融租赁公司和汽车金融公司发行金融债券行为，保护投资者合法权益发布公告。公告如下：

一、本公告所称金融租赁公司是指经中国银行业监督管理委员会批准设立，以经营融资租赁业务为主的非银行金融机构。

二、本公告所称汽车金融公司是指经中国银行业监督管理委员会批准设立，为中国境内的汽车购买者及销售者提供金融服务的非银行金融机构。

三、中国人民银行和中国银行业监督管理委员会依法对金融租赁公司和汽车金融公司金融债券的发行进行监督管理。中国人民银行对金融租赁公司和汽车金融公司在银行间债券市场发行和交易金融债券进行监督管理；中国银行业监督管理委员会对金融租赁公司和汽车金融公司发行金融债券的资格进行审查。

四、金融租赁公司和汽车金融公司发行金融债券，应具备以下条件：

（一）具有良好的公司治理结构和完善的内部控制体系；

（二）具有从事金融债券发行和管理的合格专业人员；

（三）金融租赁公司注册资本金不低于5亿元人民币或等值的自由兑换货币，汽车金融公司注册资本金不低于8亿元人民币或等值的自由兑换货币；

（四）资产质量良好，最近1年不良资产率低于行业平均水平，资产损失准备计提充足；

（五）无到期不能支付债务；

（六）净资产不低于行业平均水平；

（七）经营状况良好，最近3年连续盈利，最近1年利润率不低于行业平均水平，且有稳定的盈利预期；

（八）最近3年平均可分配利润足以支付所发行金融债券1年的利息；

（九）风险监管指标达到监管要求；

（十）最近3年没有重大违法、违规行为；

（十一）中国人民银行和中国银行业监督管理委员会要求的其他条件。

对于商业银行设立的金融租赁公司，资质良好但成立不满3年的，应由具有担保能力的担保人提供担保。

五、金融租赁公司和汽车金融公司发行金融债券后，资本充足率均应不低于8%。

六、中国银行业监督管理委员会直接监管的金融租赁公司发行金融债券，向中国银行业监督管理委员会提交申请，由中国银行业监督管理委员会受理、审查并决定。各地银监局监管的金融租赁公司发行金融债券，向所在地银监局提交申请，银监局受理、初审后，报中国银行业监督管理委员会审查并决定。

七、汽车金融公司发行金融债券，应向其所在地银监局提交申请，由银监局受理、初审后，报中国银行业监督管理委员会审查批准。

八、金融租赁公司和汽车金融公司发行金融债券，应向中国银行业监督管理委员会报送以下文件：

（一）金融债券发行申请报告；

（二）发行人公司章程或章程性文件规定的权力机构的书面同意文件；

（三）发行人近3年经审计的财务报告及审计报告；

（四）募集说明书；

（五）发行公告或发行章程；

（六）承销协议；

（七）发行人关于本期偿债计划及保障措施的专项报告；

（八）信用评级机构出具的金融债券信用评级报告和有关持续跟踪评级安排的说明；

（九）发行人律师出具的法律意见书；

（十）中国银行业监督管理委员会要求的其他文件。

采用担保方式发行金融债券的，还应提供担保协议及担保人资信情况说明。

九、中国银行业监督管理委员会应当自受理金融租赁公司和汽车金融公司发行金融债券申请之日起3个月内，对金融租赁公司和汽车金融公司发行金融债券进行资格审查，并作出批准或不批准的书面决定，同时抄送中国人民银行。

十、金融租赁公司和汽车金融公司发行金融债券申请获得中国银行业监督管理委员会批准后，应向中国人民银行报送以下文件：

（一）第八条(一)至(九)项要求的文件；

（二）监管机构同意金融债券发行的文件；

（三）中国人民银行要求的其他文件。

十一、中国人民银行核准金融租赁公司和汽车金融公司金融债券发行申请的期限，适用《中国人民银行行政许可实施办法》的有关规定。

十二、金融租赁公司和汽车金融公司的发债资金用途必须符合国家产业政策和相关政策规定，不得从事与自身主业无关的风险性投资。

十三、本公告未尽事宜按《全国银行间债券市场金融债券发行管理办法》和中国银行业监督管理委员会的有关规定执行。

3.2.1.8 《社会信用体系建设规划纲要(2014—2020 年)》

2014 年，国务院出台《社会信用体系建设规划纲要(2014—2020 年)》，内容包括以下几点。

要加快推进信用信息系统建设和应用。健全社会成员信用记录是社会信用体系建设的基本要求。发挥行业、地方、市场的力量和作用，加快推进信用信息系统建设，完善信用信息的记录、整合和应用，是形成守信激励和失信惩戒机制的基础和前提。

(1) 行业信用信息系统建设

加强重点领域信用记录建设。以工商、纳税、价格、进出口、安全生产产品质量、环境保护、食品药品、医疗卫生、知识产权、流通服务、工程建设、电子商务、交通运输、合同履约、人力资源和社会保障、教育科研等领域为重点，完善行业信用记录和从业人员信用档案建立行业信用信息数据库。各部门要以数据标准化和应用标准化为原则，依托国家各项重大信息化工程，整合行业内的信用信息资源，实现信用记录的电子化存储，加快建设信用信息系统，加快推进行业间信用信息互联互通。各行业分别负责本行业信用信息的组织与发布。

(2) 地方信用信息系统建设

加快推进政务信用信息整合。各地区要对本地区各部门、各单位履行公共管理职能过程中产生的信用信息进行记录、完善、整合，形成统一的信用信息共享平台，为企业、个人和社会征信机构等查询政务信用信息提供便利。加强地区内信用信息的应用。各地区要制定政务信用信息公开目录，形成信息公开的监督机制。大力推进本地区各部门、各单位政务信用信息的交换与共享，在公共管理中加强信用信息应用，提高履职效率。

(3) 征信系统建设

加快征信系统建设。征信机构开展征信业务，应建立以企事业单位及其他社会组织、个人为对象的征信系统，依法采集、整理、保存、加工企事业单位及其他社会组织、个人的信用信息，并采取合理措施保障信用信息的准确性。各地区、各行业要支持征信机构建立征信系统。

对外提供专业化征信服务。征信机构要根据市场需求，对外提供专业化的征信服务，有序推进信用服务产品创新。建立健全并严格执行内部风险防范、避免利益冲突和保障信息安全的规章制度，依法向客户提供方便、快捷、高效的征信服务，进一步扩大信用报告在银行业、证券业、保险业及政府部门行政执法等多个领域中的应用。

（4）金融业统一征信平台建设

完善金融信用信息基础数据库。继续推进金融信用信息基础数据库建设，提升数据质量，完善系统功能，加强系统安全运行管理，进一步扩大信用报告的覆盖范围，提升系统对外服务水平。

推动金融业统一征信平台建设。继续推动银行、证券、保险、外汇等金融管理部门之间信用信息系统的链接，推动金融业统一征信平台建设，推进金融监管部门信用信息的交换与共享。

（5）推进信用信息的交换与共享

逐步推进政务信用信息的交换与共享。各地区、各行业要以需求为导向，在保护隐私、责任明确、数据及时准确的前提下，按照风险分散的原则，建立信用信息交换共享机制，统筹利用现有信用信息系统基础设施，依法推进各信用信息系统的互联互通和信用信息的交换共享，逐步形成覆盖全部信用主体、所有信用信息类别、全国所有区域的信用信息网络。各行业主管部门要对信用信息进行分类分级管理，确定查询权限，特殊查询需求特殊申请。依法推进政务信用信息系统与征信系统之间的信息交换与共享。发挥市场激励机制的作用，鼓励社会征信机构加强对已公开政务信用信息和非政务信用信息的整合，建立面向不同对象的征信服务产品体系，满足社会多层次、多样化和专业化的征信服务需求。

征信指导政策中提到金融业要统一征信平台建设，推进金融监管剖用信息的交换与共享，有利于减少汽车融资租赁公司在开展业务时关于获取客户资信的成本。

3.2.1.9 《金融租赁公司管理办法》

2014 年，中国银行业监督管理委员会发布《金融租赁公司管理办法》，其中提到以下内容。

在中国境内外注册的具有独立法人资格的商业银行作为金融租赁公司发人，应当具备以下条件：

(1) 满足所在国家或地区监管当局的审慎监管要求；

(2) 具有良好的公司治理结构、内部控制机制和健全的风险管理体系；

(3) 最近 1 年年末总资产不低于 800 亿元人民币或等值的可自由兑换货币；

(4) 财务状况良好，最近 2 个会计年度连续盈利；

(5) 为拟设金融租赁公司确定了明确的发展战略和清晰的盈利模式；

(6) 遵守注册地法律法规，最近 2 年内未发生重大案件或重大违法违规行为；

(7) 境外商业银行作为发起人的，其所在国家或地区金融监管当局已经与中国银行业监督管理委员会建立良好的监督管理合作机制；

(8) 入股资金为自有资金，不得以委托资金、债务资金等非自有资金入股；

(9) 承诺 5 年内不转让所持有的金融租赁公司股权、不将所持有的金融租赁公司股权进行质押或设立信托，并在拟设公司章程中载明；

(10) 中国银行业监督管理委员会规定的其他审慎性条件。

《金融租赁公司管理办法》中单独提到商业银行成立金融租赁公司的条件，体现了鼓励推动商业银行成立金融租赁公司的进程。

3.2.1.10 《信贷资产支持证券发行实行注册制》

2015 年，中国人民银行发布《信贷资产支持证券发行实行注册制》公告，部分内容如下所示。

(1) 已经取得监管部门相关业务资格、发行过信贷资产支持证券且能够按规定披露信息的受托机构和发起机构可以向中国人民银行申请注册，并在注册有效期内自主分期发行信贷资产支持证券。申请注册发行的证券化信贷资产应具有较高的同质性。

(2) 受托机构和发起机构应提交注册申请报告、与交易框架相关的标准化合同文本评级安排等文件。

注册申请报告应包括以下内容：

① 信贷资产支持证券名称；

② 证券化的信贷资产类型；

③ 信贷资产支持证券注册额度和分期发行安排；

④ 证券化的信贷资产发放程序、审核标准、担保形式、管理方法、过往表现、违约贷款处置程序及方法；

⑤ 交易结构及各当事方的主要权利与义务；

⑥ 贷款服务机构管理证券化信贷资产的方法、标准；

⑦ 拟披露信息的主要内容、时间及取得方式；

⑧ 拟采用簿记建档发行信贷资产证券化产品的，应说明采用簿记建档发行的必要性，定价、配售的具体原则和方式，以及防范操作风险和不正当利益输送的措施。监管部门不再对信贷资产证券化进行逐步审批，同时增加发行额度，这有利于汽车金融公司融资成本的降低。

3.2.1.11 《关于加快融资租赁业发展的指导意见》

2015 年，国务院发布了《关于加快融资租赁业发展的指导意见》。意见中指出：近年来，我国融资租赁行业取得长足发展，市场规模和企业竞争力显著提高，在推动产业创新升级、拓宽中小微企业融资渠道、带动新兴产业发展和促进经济结构调整等方面发挥着重要作用。但总体上看，融资租赁对国民经济各行业的覆盖面和市场渗透率远低于发达国家水平，行业发展还存在管理体制不适应、法律法规不健全、发展环境不完善等突出问题。为进一步加快融资租赁行业发展，更好地发挥融资租赁服务实体经济发展、促进经济稳定增长和转型升级的作用，经国务院同意，现提出以下意见。

拓宽融资渠道。鼓励银行、保险、信托、基金等各类金融机构在风险可控前提下加大对融资租赁公司的支持力度。积极鼓励融资租赁公司通过债券市场募集资金，支持符合条件的融资租赁公司通过发行股票和资产证券化等方式筹措资金。支持内资融资租赁公司利用外债，调整内资融资租赁公司外债管理政策。简化程序，放开回流限制，支持内资融资租赁公司发行外债试行登记制管理。支持融资租赁公司开展人民币跨境融资业务。支持融资租赁公司利用外汇进口先进技术设备，鼓励商业银行利用外汇储备委托贷款支持跨境融资租赁项目。研究保险资金投资融资租赁资产。支持设立融资租赁产业基金，引导民间资本加大投入。

政策中专门列出要拓宽融资租赁公司的融资渠道，鼓励融资租赁公司通过债券市场募集资金，支持符合条件的融资租赁公司通过发行股票和资产证券化等方式筹措资金，融资渠道多样化，有利于降低资金成本。

3.2.1.12 《关于加大对新消费领域金融支持的指导意见》

2016 年，中国人民银行、中国银行业监督管理委员会发布了《关于加大对新消费领域金融支持的指导意见》。

(1) 积极培育和发展消费金融组织体系

① 推动专业化消费金融组织发展。鼓励有条件的银行业金融机构围绕新消费领域，设立特色专营机构，完善环境设施、产品配置、金融服务、流程制度等

配套机制，开发专属产品，提供专业性、一站式、综合化金融服务。推进消费金融公司设立常态化，鼓励消费金融公司拓展业务内容，针对细分市场提供特色服务。

② 优化金融机构网点布局。鼓励银行业金融机构在批发市场、商贸、学校、景点等消费集中场所，通过新设或改造分支机构作为服务消费为主的特色网点，在财务资源、人力资源等方面给予适当倾斜。

（2）加快推进消费信贷管理模式和产品创新

① 优化消费信贷管理模式。鼓励银行业金融机构在风险可控并符合监管要求的前提下，探索运用互联网等技术手段开展远程客户授权，实现消费贷款线上申请、审批和放贷。优化绩效考核机制，突出整体考核，推行尽职免责制度。根据客户的信用等级、项目风险、综合效益和担保条件，通过贷款利率风险定价和浮动计息规则，合理确定消费贷款利率水平。

② 加快消费信贷产品创新。鼓励银行业金融机构创新消费信贷抵质押模式，开发不同首付比例、期限和还款方式的信贷产品。推动消费信贷与互联网技术相结合，鼓励银行业金融机构运用大数据分析等技术，研发标准化网络小额信用贷款，推广“一次授信、循环使用”，打造自助式消费贷款平台。

③ 鼓励汽车金融公司业务产品创新。允许汽车金融公司在向消费者提供购车贷款（或融资租赁）的同时，根据消费者意愿提供附属于所购车辆的附加产品（如导航设备、外观贴膜、充电桩等物理附属设备以及车辆延长质保、车辆保险等无形附加产品和服务）的融资。汽车金融公司开展购车附加产品融资业务时，执行与汽车贷款一致的管理制度。

（3）加大对新消费重点领域的金融支持

① 支持养老家政健康消费。加快落实金融支持养老服务业发展的政策措施。在风险可控的前提下，探索养老服务机构土地使用权、房产、收费权等抵质押贷款的可行模式。加大创业担保贷款投放力度，支持社区小型家政、健康服务机构发展。

② 支持信息和网络消费。大力发展专利权质押融资，支持可穿戴设备智能家居等智能终端技术研发和推广。鼓励银行业金融机构与网络零售平台在小额消费领域开展合作，并在风险可控、权责明确的条件下，自主发放小额消费信贷。

③ 支持绿色消费。加快修订《汽车贷款管理办法》。经中国银行业监督管理委员会批准经营个人汽车贷款业务的金融机构办理新能源汽车和二手车贷款的首付款比例，可分别在15%和30%最低要求基础上，根据自愿、审慎和风险可控原则自主决定。大力开展能效贷款和排污权、碳排放权抵质押贷款等绿色信贷业务。

④ 支持旅游休闲消费。探索开展旅游景区经营权和门票收入权质押贷款业务。推广旅游企业建设用地使用权抵押、林权抵押等贷款业务。

⑤ 支持教育文化体育消费。创新版权、商标权、收益权等抵质押贷款模式，积极满足文化创意企业融资需求。运用中长期固定资产贷款、银团贷款、政府和社会资本合作（PPP）模式等方式，支持影视院线、体育场馆、大专院校等公共基础设施建设。

⑥ 支持农村消费。开展农村住房、家电、就学、生活服务等消费信贷产品创新。设计开发适合农村消费特点的信贷模式和服务方式。加大对农村电商平台发展的金融支持。鼓励引导金融机构建设多功能综合性农村金融服务站。

（4）改善优化消费金融发展环境

① 拓宽消费金融机构多元化融资渠道。鼓励汽车金融公司、消费金融公司等发行金融债券，简化债券发行核准程序。鼓励符合条件的汽车金融公司、消费金融公司通过同业拆借市场补充流动性。大力发展个人汽车、消费、信用卡等零售类贷款信贷资产证券化，盘活信贷存量，扩大消费信贷规模，提升消费信贷供给能力。

② 改进支付服务。扩展银行卡消费服务功能。改善小城镇、农村集市、商业聚集区银行卡受理环境，提高用卡便捷度。促进移动支付、互联网支付等新兴支付方式规范发展。

③ 维护金融消费者权益。引入社会征信机构或吸收社会资本成立独立的第三方机构，搭建消费信用信息平台，优化信用环境。加强金融消费者教育，完善金融消费纠纷受理处理机制。建立消费领域新产品、新业态、新模式的信贷风险识别、预警和防范机制，提升风险防控能力。一方面鼓励汽车金融公司产品创新，允许在提供购车贷款的同时，提供附加产品的融资；另一方面鼓励汽车金融公司发行金融债券，简化发债程序，降低融资成本的同时还鼓励盘活资金。2016年，全国银行间同业拆借中心发布的《全国银行间同业拆借市场业务操作细则》，2016年发布的《关于加大对新消费领域金融支持的指导意见》中，鼓励汽车金融公司通过同业拆借市场补充流动性，同业拆借细则的发布为其进入同业拆借市场提供了指引。

3.2.1.13 《汽车销售管理办法》

2017年，商务部颁布修订的《汽车销售管理办法》。

3.2.1.14 《关于节能新能源车船享受车船税优惠政策的通知》

2018年，财政部、国家税务总局、工业和信息化部、交通运输部发布《关于节能新能源车船享受车船税优惠政策的通知》。对节能汽车减免车船税，有利于促进节能新能源汽车的发展，有利于促进汽车产业结构性调整。

3.2.1.15 《中华人民共和国车辆购置税法》

随着汽车技术以及驾驶体验研发的不断升级，购车者的选择也更加多元化，但是否能实现高档次汽车的使用，还是要看自己有没有足够的财力。正当大家期望 2019 年汽车购置税能跌至 5%时，2018 年 12 月 29 日，第十三届全国人民代表大会常务委员会第七次会议通过了《中华人民共和国车辆购置税法》，法案规定我国车辆购置税的税率确定为 10%，并于 2019 年 7 月 1 日起实施。与此同时，已经实行了约 18 年的《中华人民共和国车辆购置税暂行条例》废止。

10%的购置税对于部分购车者而言，无异于被泼了一盆冷水。但庆幸的是，随着汽车市场越来越多新产品出现，在很多产品相继竞争的情况下，价格也有所下降。

3.2.1.16 《进一步优化供给推动消费平稳增长促进形成强大国内市场的实施方案(2019 年)》

2019 年 1 月底，国家发展改革委、工业和信息化部发布了《进一步优化供给推动消费平稳增长促进形成强大国内市场的实施方案(2019 年)》，其中多次提到要促进汽车消费。

(1) 有序推进老旧汽车报废更新。按规定放开报废汽车“五大总成”再制造再利用。有条件的地方可依托市场交易平台，对报废国三及以下排放标准汽车同时购买新车的车主，给予适当补助。对淘汰更新老旧柴油货车、推广使用新能源汽车等大气污染治理措施成效显著的地方，中央财政在安排相关资金时予以适当倾斜支持。

(2) 持续优化新能源汽车补贴结构。坚持扶优扶强的导向，将更多补贴用于支持综合性能先进的新能源汽车销售，鼓励发展高技术水平新能源汽车。落实新能源货车差别化通行管理政策，提供通行便利，扩大通行范围。

(3) 促进农村汽车更新换代。有条件的地方，可对农村居民报废三轮汽车，购买 3.5 吨及以下货车或者 16 升及以下排量乘用车，给予适当补贴，带动农村汽车消费。

(4) 稳步推进放宽皮卡车进城限制范围。在评估河北、辽宁、河南、云南、湖北、新疆 6 省区放开皮卡车进城限制试点政策效果基础上，稳妥有序扩大皮卡车进城限制范围。

(5) 加快繁荣二手车市场。进一步落实全面取消二手车限迁政策，严防限迁政策出现回潮。对二手车经销企业销售二手车，落实适用销售旧货的增值税政策，依照3%征收率减按2%征收增值税。

(6) 进一步优化地方政府机动车管理措施。已实施汽车限购政策的地方结合本地实际情况，优化机动车限购管理措施，有条件的地方可适度盘活废弃的购车指标，更好满足居民汽车消费需求。

方案中将汽车消费放在首位，提出推进老旧汽车报废、优化新能源汽车补贴、繁荣二手车市场等，对于促进汽车消费的汽车金融服务是十分利好的，实际作用还得看地方对于方案的执行效果。

2003—2019年度相关政策汇总见表3-5。

表3-5　2003—2019年度相关政策汇总

时间	发布部门	政策名称
2003年	中国银行业监督管理委员会	《汽车金融公司管理办法》
2004年	中国人民银行 中国银行业监督管理委员会	《汽车贷款管理办法》
2005年	商务部	《外商投资租赁业管理办法》
2006年	中国银行业监督管理委员会	《企业集团财务公司管理办法》
2007年	国家工商行政管理总局	《动产抵押登记办法》
2008年	中国银行业监督管理委员会	《汽车金融公司管理办法》
2009年	国务院	《汽车产业调整和振兴规划》
2009年	中国人民银行、中国银行业监督管理委员会	《中国人民银行、中国银行业监督管理委员会公告2009年第14号》
2014年	中国银行业监督管理委员会	《金融租赁公司管理办法》
2014年	国务院	《社会信用体系建设规划纲要(2014—2020年)》
2014年	中国银行业监督管理委员会	《关于信贷资产证券化备案登记工作流程的通知》
2015年	中国人民银行	《信贷资产支持证券发行实行注册制》
2015年	国务院	《关于加快融资租赁业发展的指导意见》
2016年	中国人民银行	《关于加大对新消费领域金融支持的指导意见》

表 3-5(续)

时间	发布部门	政策名称
2016 年	中国银行业监督管理委员会、全国银行间同业拆借中心	《全国银行间同业拆借市场业务操作细则》
2017 年	商务部	《汽车销售管理办法》
2017 年	中国人民银行	修订版《汽车贷款管理办法》
2017 年	中国银行业监督管理委员会、财政部、商务部、海关总署、原质检总局	《乘用车企业平均燃料消费量与新能源汽车积分并行管理办法》
2018 年	财政部、国家税务总局、工业和信息化部、交通运输部	《关于节能新能源车船享受车船税优惠政策的通知》
2018 年	第十三届全国人民代表大会常务委员会	《中华人民共和国车辆购置税法》
2019 年	国家发展改革委、工业和信息化部	《进一步优化供给推动消费平稳增长促进形成强大国内市场的实施方案(2019 年)》

3.2.2　社会环境

随着时间的流逝,未来的消费主力将成为“90 后”,互联网的出现使他们具有更丰富的视野和获得更多元的资讯,也接触到了更多元的消费文化。他们的消费理念更加开放,消费水平随着逐渐步入社会拥有自己的工作之后逐渐步入到了较高的层次。而且“90 后”对所消费商品有更清晰的认识,品牌意识也更强,消费升级正好符合其心理。他们的消费观念更为开放,从小受到国外消费观念的影响,因而对于分期贷款及其他不同形式的汽车金融产品有着更为开放的态度与更高的接受度。这将会推动汽车金融的进一步渗透。在豪华车市场中,中美两国的车贷渗透率越来越接近,差距越来越小。2017 年,我国豪华车市场车贷渗透率已超过美国,并且未来有进一步扩大优势的趋势。而美国的豪华汽车租赁渗透率则处在不断上升的过程。可以看出,在美国豪华车市场,越来越多的人选择租赁豪华车而越来越少的人选择运用车贷方式购买豪华车。而在非豪华车市场,中美车贷渗透率之间则相差较远,美国更多的人选择用车贷方式购买非豪华车,更少的人选择租赁非豪华车,我国的非豪华车的车贷渗透率大大低于美国非豪华车的车贷渗透率,甚至还比不上美国的非豪华车租赁渗透率,且仅相当于我国的豪华车的车贷渗透率的一半。这说明汽车金融在我国豪华车市场更容易渗透，一是由于豪华车品牌本身对汽车金融服务的渗透更为重视，在北京，某些豪华品牌的经营门店金融渗透率甚至超过80%。二是豪华车消费群体年龄阶层的下移，年轻消费群体的消费导致豪华汽车的金融渗透率上升。

还可以发现，当汽车金融市场发展到了一定阶段时，一部分原本选择运用车贷购买汽车的人，会逐渐改变原有观念，改为通过租赁来拥有汽车，因为汽车在消费者心中的财产属性减弱了，消费者不再把汽车当作一种家庭固定资产来看待，而是一种代步工具，因而未来汽车租赁市场在我国也将会有很大的发展潜力。

3.2.3　经济环境

国家统计局数据显示：2018年，全国居民人均可支配收入28 228元，比2017年名义增长8.7%，扣除价格因素，实际增长6.5%。其中，城镇居民人均可支配收入39 251元，同比名义增长7.8%，扣除价格因素，实际增长5.6%；农村居民人均可支配收入14 617元，增长8.8%，扣除价格因素，实际增长6.6%。

全年全国居民人均可支配收入中位数24 336元，比2017年增长8.6%，中位数是平均数的86.2%。其中，城镇居民人均可支配收入中位数36 413元，增长7.6%，是平均数的92.8%；农村居民人均可支配收入中位数13 066元，增长9.2%，是平均数的89.4%。

按收入来源分，全国居民全年人均工资性收入15 829元，比2017年增长83%，占可支配收入的比重56.1%；人均经营净收入4 852元，增长7.8%，占可支配收入的比重17.2%；人均财产净收入2 379元，增长12.9%，占可支配收入的比重84%；人均转移净收入5 168元，增长8.9%，占可支配收入的比重18.3%。

2018年，全国居民人均消费支出19 853元，比2017年名义增长8.4%，扣除价格因素，实际增长62%。其中，城镇居民人均消费支出26 112元，增长6.8%，扣除价格因素，实际增长4.6%；农村居民人均消费支出12 124元，增长10.7%，扣除价格因素，实际增长8.4%。

人均可支配收入的大幅上涨将带动我国居民的消费升级，更多的人将会择购买家庭的第一辆车甚至第二辆车。许多人的购车观念将由购买“刚需车”转向价格更高的“改善型”车。随着我国居民收入水平的提高，未来我国人均汽车拥有量以及汽车消费市场的整体规模将会继续上涨。我国拥有数量庞大的农村人口，随着农村人均可支配收入的不断提高，农村人口对汽车的需求和购买力也在逐步提升。从消费结构看，2013—2017年我国农村居民用于交通和通信支出的增长速度大于总支出的增长速度，用于交通和通信方面的支出占总支出的比重逐年增加，说明农村居民在交通和通信方面的消费意愿正在提升。从家用汽车数量看，2015—2017年农村每百户家用汽车数量增速超过城镇，农村汽车市场进入相对较快的增长时期。

由于多数农村人口没有稳定的工作和良好的资信证明，从银行申请车贷的难度较大，一次性付款购车则会使其负担过重的短期资金压力。汽车融资租赁产品的准入门槛低、首付比例低，是较为适合农村人口消费特征的金融购车方案。

3.2.4　科技环境

汽车金融已经成为当前经济社会发展重要的金融业态之一，金融科技在三方面促进了汽车金融的发展。一是通过供求分析，从而能够在供给端进行整个汽车产业的转型升级。二是通过供求分析，从而在需求端进行个性化定制与推荐，以便满足消费者的个性金融需求。三是在消费端带动整个汽车产业的消费升级。

金融科技作为近些年来出现的新技术正被广泛应用在汽车金融行业中，通过金融科技的应用，可以强化风险控制能力、缩短业务时间与流程、优化产品定价等，这些将大大增强汽车金融企业服务消费者的效率并提升消费者的服务体验，提高企业在行业中的竞争力。以大数据为基础的金融科技产品主要通过对各种场景下的结构化和非结构化数据的分析，发掘客户的行为规律，构建具备不同用途的功能模型，这些模型在汽车融资租赁的营销获客、贷前审核、车辆监控等业务环节发挥着重要作用。云计算帮助汽车融资租赁公司建立各种电子化信息系统，其主要形式为SaaS，云计算产品应用于汽车融资租赁业务的各个环节。

人工智能的产品形式日趋多样化，正在从简单重复性行为模拟向智能风控领域发展。人工智能和大数据的结合将在金融风控领域发挥越来越重要的作用。区块链作为一种新型的数据加密技术，目前在汽车金融领域的应用正处于起步阶段，许多产品尚未成熟或落地，但区块链独特的技术特征决定了其未来将在汽车金融风控领域发挥重要作用。

在产品定价阶段中，通过金融科技可以根据消费者的消费记录以及消费需求定制个性化的产品，从而更有针对性地对用户进行产品定价，提高销售效率及销售量。

在贷前阶段，通过金融科技可以根据用户在网上的消费记录、收入水平、消费习惯以及其他相关指标开展征信调查与评级，根据每个用户的具体情况开展风控业务。

在贷后阶段，通过金融科技，汽车金融行业的参与者还可以通过大数据分析技术动态观察用户汽车的使用情况，不仅可以通过GPS对用户进行资产监控，还可以根据用户的行动趋势判断其违约的可能性。

3.3 我国商用车行业发展规模

商用车是在设计和技术特征上用于运送人员和货物的汽车。从2005年开始，我国汽车行业实行了新的车型统计分类。相对旧分类，商用车包含了所有的载货汽车和9座以上的客车。在旧分类中，整车企业外卖的底盘是列入整车统计的，在新分类中将底盘单独列出，分别为客车非完整车辆（客车底盘）和货车非完整车辆（货车底盘）。从车型来看，商用车分为客车、货车、半挂牵引车、客车非完整车辆和货车非完整车辆，共五类。在整个行业媒体中，商用车的概念主要是从其自身用途不同来定义的，习惯把商用车划分为客车和货车两大类。从车辆用途来分，商用车分为载货、载人和专用车三大门类。载货车根据载重量不同，主要包括微型卡车、轻型卡车、中型卡车和重型卡车。载人车根据载人数量不同，主要包括微客、轻客、中客和大客几个品类。专用车（具备专用功能，用于承担专门运输任务或专项作业以及其他专项用途的汽车）广义上分属于商用车的一种，狭义上分为环卫专用车、工程专用车、特种专用车、商务专用车、运输专用车、军用专用车，等等。（图3-1）

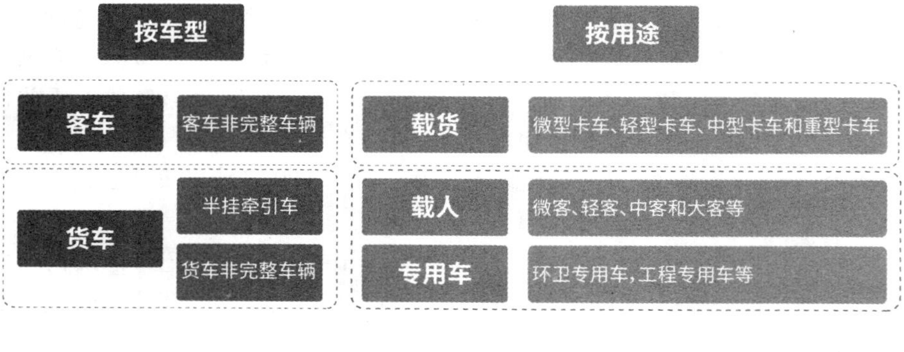

图3-1　商用车按车型、用途分类

3.3.1　商用车行业产业链剖析

从我国商用车产业链结构来看，我国商用车产业链上游有原材料制造业和商用车零部件制造业；中游为商用车整车制造业，主要分为客车整车制造业和货车整车制造业；下游主要为各个需求行业，包含有物流行业、客运行业、工程作业等各类对商用车有需求的行业。（图3-2）

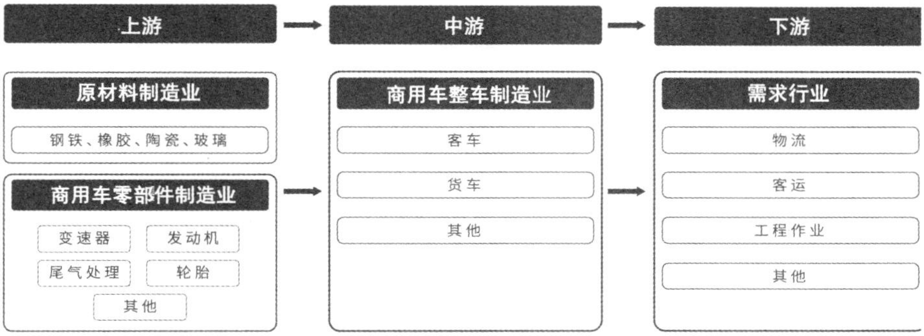

图3-2　中国商用车产业链结构

（资料来源：前瞻产业研究院整理）

从我国商用车产业链全景图谱（图3-3）来看，商用车产业链上游钢铁、橡胶、玻璃、陶瓷等原材料供应商代表厂商有宝钢股份、浙江仙通、信义玻璃、国瓷材料等；上游零部件生产商有：潍柴动力、上柴股份等发动机厂商，玲珑轮胎、赛轮轮胎等轮胎厂商，万里扬、曙光股份等变速器厂商，国瓷材料、万润股份等尾气处理厂商；中游整车制造企业有：福田汽车、金龙汽车、宇通客车、中通客车等客车制造商，东风汽车、一汽解放、陕西重汽、江淮汽车等货车制造商。

3.3.2　中国商用车行业发展历程

我国商用车经历了从无到有、从有到大的发展过程。

中国商用车1953—1982年为发展期，我国商用车实现了从无到有，中型商用车得到了发展；1983—2008年为引进期和成长期，引进奥地利斯太尔重型汽车、奔驰、五十铃、德国尼奥普兰、瑞典沃尔沃、斯堪尼亚、日本三菱、日野、丰田以及韩国大宇等项目，实现了中国商用车“重、中、轻、微、客”全面发展；2009—2019年为壮大期，实现了从有到大，中国商用车以自主开发、技术引进、合资合作、兼

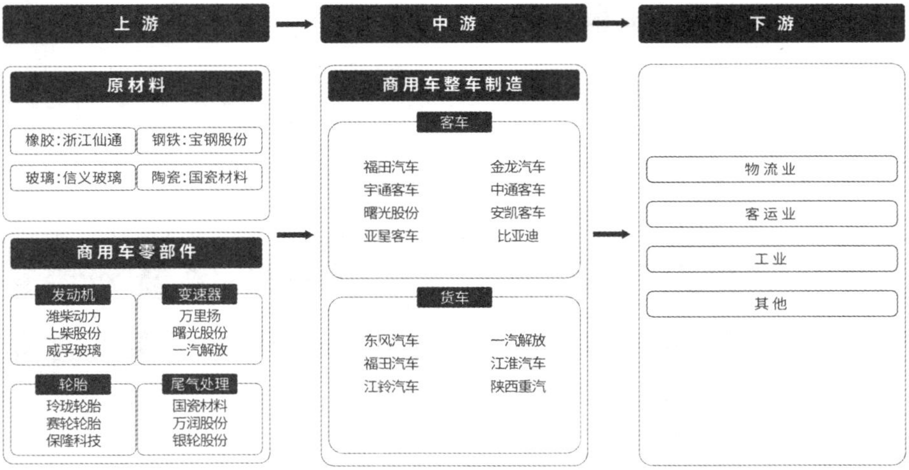

图 3-3　中国商用车产业链全景图谱

并等方式，在商用车产品领域实现了快速发展；2020—2030 年为高质量发展期，力争实现商用车从大到强的高质量发展。

3.3.3　中国商用车行业发展现状分析

(1) 供给现状：中国商用车产量占全球比重上升，2020 年超五分之一。

2020 年，受国Ⅲ汽车淘汰、治超加严以及基建投资等因素的拉动，中国商用车全年产销呈现大幅增长，2020 年商用车产量达到 523.1 万辆，首超 500 万辆，创历史新高，产量同比增长 20.0%，增幅比上年提高 18.1 个百分点。2021 年 1—12 月，中国商用车产量实现 467.4 万辆，同比下降 10.7%。

OICA 数据显示，2012—2020 年全球商用车产量整体呈现先增后减的趋势。2020 年受到新冠疫情影响，全球商用车产量大幅度下降，全年共生产商用车 2 178.71 万辆。从中国产量占比情况来看，2015—2020 年，中国商用车产量占全球比重整体呈上升趋势，2020 年产量占比达 24%。

(2) 需求现状：中国商用车占汽车销量比重连续四年上升。

从我国商用车销量来看，2014—2015 年商用车市场一直比较低迷，累计销量同比负增长。2016—2020 年，商用车市场回春，2020 年商用车销售量为513.3 万辆，同比增长 18.7%，在汽车整体及乘用车产销同步下滑的情况下，保持正增长。2021 年 1—12 月，我国商用车销量实现 479.3 万辆，同比下降 6.6%。

2012—2021 年我国商用车销量及增长情况见图 3-4。

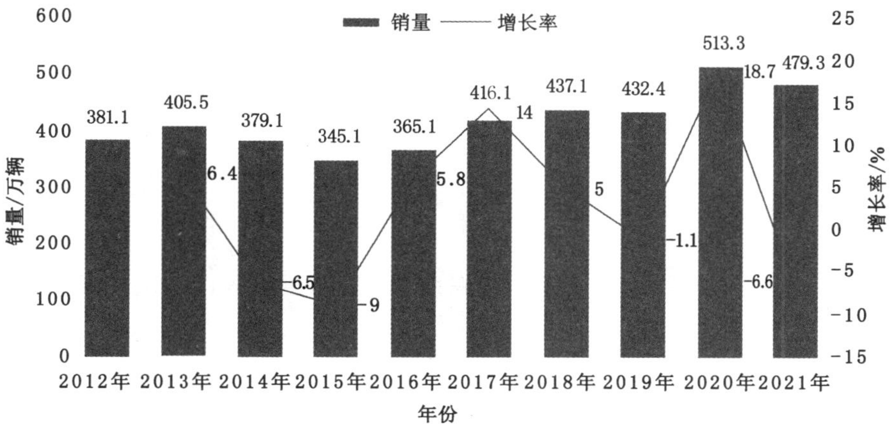

图 3-4　2012—2021 年我国商用车销量及增长情况

2012—2020 年我国商用车占汽车总销量比重趋势，见图 3-5。2012—2016 年，我国商用车占汽车总销量的比重整体呈下降的趋势。2012 年，商用车占汽车总销量的比重约为 19.74%，2016 年，商用车占汽车总销量的比重为 13.03%，随后商用车市场份额呈现逐年上升趋势，2020 年商用车占汽车总销量的比重为 20.28%，连续四年增长。

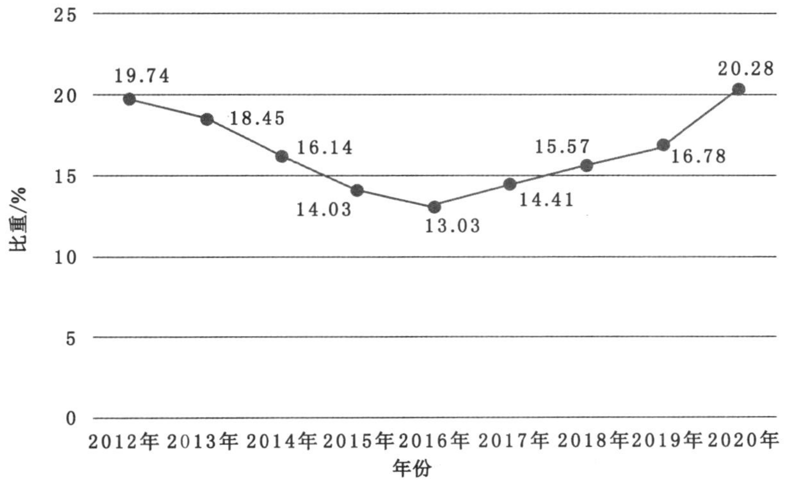

图 3-5　2012—2020 年我国商用车占汽车总销量比重趋势

(3) 细分市场发展现状:货车为商用车主要产品。

2020 年我国商用车分车型情况看,客车产销分别完成 45.3 万辆和 44.8 万辆,同比分别下降 4.2%和 5.6%,占全部商用车销量的 8.73%;货车产销分别完成 477.8 万辆和 468.5 万辆,同比分别增长 22.9%和 21.7%,占全部商用车销量的 91.27%。由此可见,货车是我国的主要商用车产品。

3.3.4 中国商用车行业竞争格局分析

(1) 区域竞争格局:产能主要布局在山东、江苏、重庆等;广东山东等地销量领先。

前瞻产业研究院结合 Apsoto 统计我国商用车企业产能及各公司发布其商用车产能规划情况,进行不完全汇总分析,可知国内主流商用车企业产能主要布局在山东、江苏、重庆、四川等地,主要分布在东部和中部地区省份,西部地区企业产能布局较少。2021 年中国商用车主要生产企业商用车产能汇总见表 3-6、表 3-7。

表 3-6 2021 年中国商用车主要生产企业商用车产能汇总(一)

生产企业	工厂名称	省份	产能
北汽福田	欧辉客车北京工厂	北京	20 000
	欧辉客车广东工厂	广东	4 000(实际产能 2 100)
	长沙基地	湖南	3 500(实际产能 2 200)
	佛山基地	广东	80 000(实际 18 500)
	诸城基地	山东	10 000(含新能源)
	诸城奥铃汽车厂	山东	2 220 000(实际 213 600)
	山东多功能汽车厂	山东	120 000(实际 49 800)
	福田戴姆勒北京一工厂	北京	60 000(实际 1 400)
	福田戴姆勒北京二工厂	北京	60 000(实际 99 800)
	山东超级卡车工厂	山东	80 000(实际 18 500)
	商丘基地	河南	50 000(含新能源)
苏州金龙	苏州基地	江苏	45 000

表 3-6(续)

生产企业	工厂名称	省份	产能
北奔重汽	包头基地	内蒙古	50 000
	蓬莱基地	山东	单班 15 000
	重庆基地	重庆	10 000+
四川现代	资阳基地	四川	160 000
	成都基地	四 川	10 000
一汽解放	成都工厂	四 川	15 000(规划 100 000)
	柳州工厂	广西	25 000
	青岛工厂	山东	150 000(含新能源 50 000)
	长春工厂	吉林	120 000
上汽通用五菱	重庆基地	重庆	300 000(小型货车)
	青岛基地	山东	100(含乘用车),计划新增 200 000 商用车产能
江淮汽车	阜阳基地	安徽	40 000
	蒙城基地	安徽	150 000(含 MPV)
	青州基地	山东	100 000
	遂宁基地	四川	单班 5 000,新能源 5 000
	扬州基地	江苏	100 000
	武汉基地	湖北	1 期 10 000(含乘用车)
安凯汽车	合肥基地	安徽	20 000
	扬州基地	江苏	
亚星客车	扬州基地	江苏	8 000
	厦门基地	福建	
中通客车	聊城基地	山东	30 000

表 3-7　2021 年中国商用车主要生产企业商用车产能汇总（二）

生产企业	工厂名称	省份	产能
比亚迪	包头基地	内蒙古	5 000
	承德基地	河北	1 期 2 000（规划 5 000）
	武汉基地	湖北	1 期 5 000
	长沙基地	湖南	3 000
	南京基地	江苏	3 000
	大连基地	辽宁	1 期 1 000
	宁波奉化基地	浙江	1 期 3 000
	青岛基地	山东	1 期 1 000（规划 5 000）
	太原基地	山西	5 000
	天津基地	天津	1 期 5 000
	西安基地	陕西	5 000
	杭州基地	浙江	3 000
	汕尾基地	广东	5 000
	桂林基地	广西	5 000
	深圳基地	广东	17 000
厦门金旅	漳州龙海基地	福建	1 期 20 000（规划 140 000）
	漳州龙池基地	福建	12 000
	厦门海沧基地	福建	7 000＋
	厦门湖里基地	福建	24 000
上汽大通	南京基地	江苏	100 000（含乘用车）
	无锡基地	江苏	200 000（含乘用车）
	溧阳基地	江苏	25 000＋
郑州宇通	郑州基地	河南	60 000（另有 60 000 纯电动商用车产能获批）

表 3-7(续)

生产企业	工厂名称	省份	产能
黄海客车	新能源客车基地	辽宁	10 000(含底盘)
	丹东金泉厂区	辽宁	30 000(皮卡)
南骏汽车	资阳基地	四川	货车 160 000,客车 10 000
华菱星马	马鞍山基地	安徽	27 000(含专用车)
	天津基地	天津	
	衡阳基地	湖南	
中兴汽车	保定基地	河北	150 000(含乘用车)
江西五十铃	南昌基地	江西	100 000(含乘用车)
金龙联合	绍兴基地	浙江	50 000+
	厦门基地	福建	
南京依维柯	桥林基地	江苏	150 000
徐工集团	徐州基地	江苏	100 000
	南京基地	江苏	30 000(含专用车)
湖北三环	十堰基地	湖北	50 000
陕汽商用车	宝鸡基地	陕西	200 000

注:以上企业中比亚迪、上汽大通、郑州宇通、黄海客车、江西五十铃、陕汽商用车为2020年产能,其余均为2021年产能布局情况。

2016—2019年,我国商用车行业上险总销量突破1 381万辆,其中广东和山东销量均突破124万辆,分别占总销量的9%,河北紧随其后,销量突破100万辆,占比7%。整体来看,我国商用车销量靠前的省份还有河南、江苏、浙江、安徽等。2019年我国商用车行业市场销量区域竞争格局(上险口径)见图3-6。

(2) 企业竞争格局:上汽、东风、北汽等销量领先。

据中国汽车工业协会统计分析,2020年商用车销量排名前十家企业依次为:上汽、东风、北汽、长安、一汽、重汽、江淮股份、陕汽集团、长城汽车和成都大运,分别销售72.9万辆、72.3万辆、68.4万辆、51.1万辆、49万辆、47.1万辆、29.8万辆、23.5万辆、22.5万辆和8.9万辆。与上年相比,前十名公司销量均有

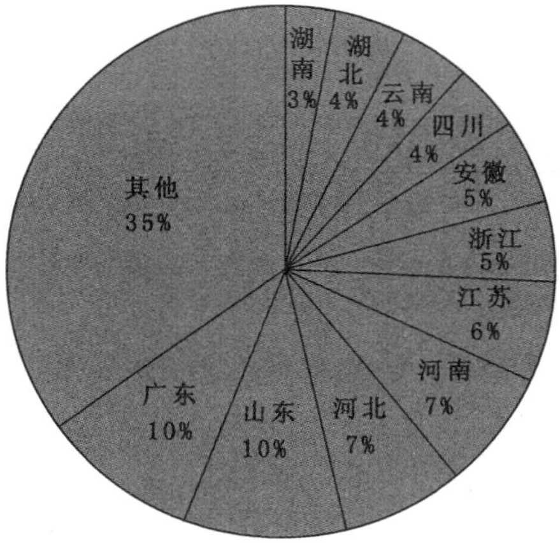

图 3-6　2019 年我国商用车行业市场销量区域竞争格局(上险口径)

(资料来源:前瞻产业研究院)

不同程度的上升,其中重汽、长城汽车和中国一汽涨幅较大,重汽与长城汽车较 2019 年相比涨幅超 50%。(图 3-7)

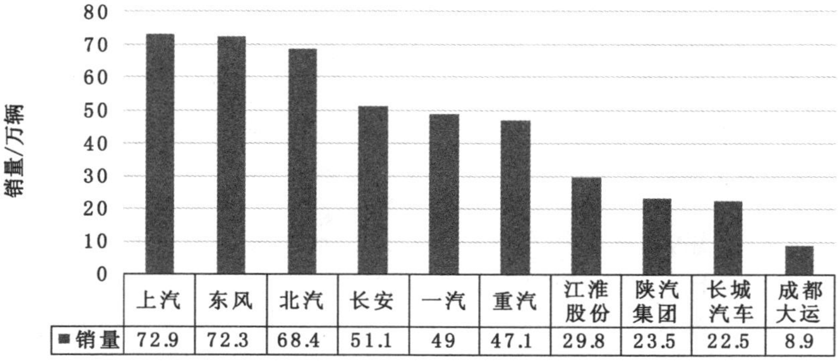

	上汽	东风	北汽	长安	一汽	重汽	江淮股份	陕汽集团	长城汽车	成都大运
■销量	72.9	72.3	68.4	51.1	49	47.1	29.8	23.5	22.5	8.9

图 3-7　2020 年商用车销量排名前十家企业

3.3.5　中国商用车行业发展前景及趋势预测

(1) 发展趋势:行业呈现精细化运营、多元化发展趋势。

中国的商用车市场一直受到政策法规与市场需求的双重影响，随着商用车合资股比的逐步放开、事中事后监管加严、行业集中度不断提高、优势企业加速壮大、国际竞争态势加剧等，整体市场将呈现精细化运营、多元化发展趋势（表 3-8）。

表 3-8　中国商用车行业发展趋势

趋势	特点
商用车销售压力增大	经济下行压力加大，需求缩减等因素可能会影响商用车的销量，中国汽车工业协会预计，2022 年商用车销量为 450 万辆，将同比下降 6%
中高端商用车市场将成为下一个市场激发点	中高端市场未来将占据 25% 的销量空间和 50% 的利润空间，同时综合需求端、供给端情况，国内外领先车企正在加速推出高端和中高端卡车，细分市场增速很快
行业集中度继续提升	行业竞争呈现国际化趋势进一步加剧，行业加速洗牌，也加速部分企业国际化发展。未来，中小企业将加速被淘汰或整合，行业集中度逐步提高，最终形成几个大的国际化企业集团
技术创新快速推进	市公交、客车、轻型物流车、环卫车等新能源化（主要为纯电动或燃料电池）是主要趋势，未来 3～10 年是燃料电池由技术研发向商业推广的关键窗口期，新能源、智能网联等新技术应用前景广阔

（2）发展前景：行业由高速发展转变为高质量发展。

2021 年中国商用车产销分别完成 467.4 万辆和 479.3 万辆，累计下降 10.7% 和 6.6%。在行业政策限制落后产能扩张等措施背景下，我国商用车行业将从高速发展转变为高质量发展，预计到 2026 年商用车产量有望超过 660 万辆，销量有望达到 684 万辆。

3.4　我国典型商用车融资租赁企业发展概况

3.4.1　狮桥融资租赁（中国）有限公司

狮桥融资租赁（中国）有限公司，简称“狮桥”，是 2012 年经商务部批准成立的外商投资融资租赁公司，截至 2014 年 10 月，资产总额已突破 50 亿元，是一家专注于重卡、物流、工业、医疗、农业等行业领域，为物流行业经营者、制造业主、医疗机构、农户等提供设备直接融资租赁、设备售后回租、设备资产管理等专业金融服务的第三方独立融资租赁公司。公司现有23个省公司、174个分公司、近800位员工，覆盖全国696个县级市。

狮桥致力于以技术驱动、联结共生，提升商用车全周期多场景价值，打造我国领军的商用车智慧服务平台。经过几年的努力开拓，狮桥现已建立起以商用车为中心，围绕商用车驾驶人和车主、经销商、金融机构、物流公司货主的健康生态体系。

同时，狮桥还积极利用结构性融资手段，在融资租赁这一工具基础上，采取人民币以及外币等多种币种，与包括银行、证券、金融租赁公司等在内的各类金融机构合作，嫁接各种金融工具，打通资金所有者与资金需求方之间的无形屏障，优化融资效率、降低融资成本。

狮桥目前主要在新运营、微金融和大运力三个方向着手汽车融资租赁。

3.4.1.1 新运营方面

狮桥秉持联结共生的理念，以技术工具和金融工具赋能合作伙伴发展新的运营模式，获得更大价值。狮桥已拥有超过7 000家商用车经销商、运输公司、物流公司合作伙伴，以及近20万名车主用户。

(1) 技术赋能车商。狮桥运用SaaS工具(通过网络提供软件服务)，为经销商、车队运输公司提供业务管理、客户引流、库存融资、经营融资等综合解决方案。

(2) 新能源物流车无忧方案。在新能源车源方面，狮桥与中国一汽解放合作，是一汽解放新能源车在全国若干地区的一级代理；在解决用户痛点方面，狮桥为新能源车用户提供新车购置(经营租赁、以租代购等)车辆保养维修、充电和紧急备用车等综合解决方案。

狮桥为二手车交易双方提供线上展示、线下带看，辅之以拍卖平台、库存融资、交易担保等工具，确保交易的快捷和安全。

狮桥拥有业内领先的商用车车型库，通过线上和线下结合的评估和检测，全面支持二手车交易行业发展。

3.4.1.2 微金融方面

(1) 多维场景。狮桥提供的线上线下结合的金融服务渗透于商用车全生命周期的不同场景。在新车购置和运营方面，狮桥提供各类型融资解决用户的资金需求。在车后环节，狮桥提供融资支持车主获得车辆保险、燃油、ETC、路桥费和车辆维修保养等服务。狮桥也通过融资支持车主更新升级车辆、购买或出售二手车。

（2）联结产融。借助自身强大的风控能力、领先的 IT 技术，以及庞大的网络和渠道，狮桥深度联结金融机构和用户，助力各方银行、金融租赁公司、资产管理公司等机构通过狮桥平台向物流行业小微客户直接提供资金支持。

3.4.1.3　大运力方面

（1）数据驱动。狮桥基于海量的超级车队运营数据，建立了数据仓库。通过机器深度挖掘，逐步建立模型，为实现智能运输提供大数据支持。基于多年的数据积累和运营经验，狮桥的订单管理和车辆匹配效率大幅提升。同时，车辆在途、线路优化、人员和位置管理等调度逻辑得到进一步优化，较好地达到物流降本增效的目的。

（2）智能定价。市场运力的交易价格，紧贴运力市场供需关系而波动。狮桥的智能定价系统，除了指导自有运力定价外，还借助社会交易的第三方数据和由此形成的强大数据平台，指导上下游交易环节的定价。

（3）自动驾驶。目前我国干线运输费用达 2 万亿元，其中人工成本占比接近 20%。自动驾驶技术将助力降低物流成本、遏制不良驾驶习惯，减少交通事故造成的经济损失。高速公路是自动驾驶率先落地的最理想场景。作为我国最大的干线运输商，狮桥加入百度 Apollo 计划，将协同主机厂商等合作伙伴，合作发展干线自动驾驶解决方案。

（4）无车承运。通过几年的经营实践，狮桥运力锁定了“重＋轻”的业务发展模式，资产运营和平台战略并重，为客户运力需求提供综合解决方案：有车承运解决客户稳定的运力需求，无车承运解决客户波动性需求。

表 3-9 为狮桥 2016 年至 2018 年 6 月的资产负债情况，总资产与总负债呈现同比例增长，净资产增长的幅度较小，截至 2017 年年末，净资产同比增长 12%，总资产同比增长 65%。

表 3-9　狮桥资产负债表（2016 年—2018 年 6 月）　　单位：亿元

科目	2016 年	2017 年	2018 年 6 月
总资产	92.23	152.79	171.43
总负债	74.36	132.71	145.28
净资产	17.87	20.08	26.15

2017 年，狮桥逐渐退出非商用车市场，以商用车为中心，2017 年的 1—6 月营业收入 582 327 715 元，2018 年 1—6 月营业收入 807 192 975 元，增长了

37%。2017 年的 1—6 月营业成本 268 076 257 元，2018 年 1—6 月营业成本 418 437 637元，增长了 56%。营业成本的上涨幅度大于营业收入上涨的幅度，营业外支出从 2017 年 1—6 月的 18 514 963 元降至 2018 年 1—6 月的 287 025 元，可能是因为业务方向的转变，导致固定资产盘亏的减少。(表 3-10)

表 3-10　狮桥利润表　　单位:元

项目	2017 年 1—6 月	2018 年 1—6 月
营业收入	588 327 715	807 192 975
营业成本	268 076 257	418 437 637
营业利润	74 104 122	164 123 062
营业外收入	55	—
营业外支出	18 514 963	287 025
利润总额	55 589 214	163 836 038
所得税	—	40 959 009
净利润	55 589 214	122 877 029

3.4.2　上海汽车集团股份有限公司

上海汽车集团股份有限公司(简称“上汽集团”，股票代码 600104)是国内 A 股市场最大的汽车上市公司，总股本达到 116.83 亿股。上汽集团努力把握产业发展趋势，加快创新转型，正在从传统的制造型企业，向为消费者提供全方位汽车产品和出行服务的综合供应商发展。目前，上汽集团主要业务包括整车(含乘用车、商用车)的研发、生产和销售，正积极推进新能源汽车、互联网汽车的商业化，并开展智能驾驶等技术研究和产业化探索；零部件(含动力驱动系统、底盘系统、内外饰系统，以及电池、电驱、电力电子等新能源汽车核心零部件和智能产品系统)的研发、生产、销售；物流、汽车电商、出行服务、节能和充电服务等汽车服务贸易业务；汽车相关金融、保险和投资业务；海外经营和国际商贸业务；并在产业大数据和人工智能领域积极布局。

2017 年，上汽集团提出“新四化”战略，分别是电动化、网联化、智能化、共享化。上汽集团总工程师程惊雷先生表示：上汽“新四化”战略布局中的电动化是基础，网联化是条件，智能化是关键，共享化是社会发展的目标，四者的关系是互相黏合也互为支撑。(表 3-11)

表 3-11　上汽集团战略定位与目标

战略	定位与目标
电动化	“十三五”期间，新能源研发总投入 200 亿元，2020 年自主和合资新能源车年销量超 60 万辆
网联化	携手阿里巴巴打造“自我进化”的互联网汽车，形成汽车产品和服务融合的生态圈
智能化	实现单车智能 4 级技术，亚洲唯一 5GAA 白金会员车企，携手华为、中国移动开发 V2X 技术，打造智慧交通体系
共享化	2020 年覆盖全国超过 100 个城市，运营车辆 30 万辆，打造全球最大的新能源车分时租赁运营服务平台

2018 年，上汽集团全年销售整车 705.17 万辆，同比增长 1.75%，成为我国首家年销量突破 700 辆大关的汽车集团，国内市场占有率达到 24.1%。

2018 年 7 月，上汽集团以上一年度 1 288.19 亿美元的合并销售收入，第十四次入选《财富》杂志世界 50 强，排名第 36 位。

2018 年，上汽集团销售新能源汽车 14.2 万辆，同比增长 120%，连续五年实现“翻番式”增长。其中，自主品牌荣威和名爵的新能源汽车销量达到 9.7 万辆，同比增长 119%；上汽大通燃料电池轻客产品在上海等国内 3 座城市率先实现商业化批量运营；上汽通用五菱、上汽通用、上汽大众等合资企业加快完善新能源产品型谱，加大产品投放力度，新能源汽车销量取得显著增长。与此同时，公司新一轮“三电”核心技术创新和全新电动车专属架构开发等项目持续推进；上汽英飞凌 GBT 产品实现批产交付；成立上海捷氢科技有限公司，整合燃料电池领域技术人才等核心资源，加快燃料电池汽车的商业化发展；上汽 300 型燃料电池长堆开发取得重要阶段成果，试制试验功率已达到全球领先水平。在智能网联领域，公司持续加大感知、规划、决策、执行等智能驾驶关键系统的自主开发力度，深入推进与阿里巴巴、武汉光庭、Mobileye、TTTech 等国内外著名企业的跨界合作，并与公安部交科所、中国移动、华为等签署战略合作协议，共同开展 5G 等智能网联前瞻领域的技术研究和标准体系建设。上汽集团通过中海庭公司成功获得国家导航电子地图制作的甲级测绘资质，成为国内首家获此资质的汽车集团，车用高精度电子地图数据生成平台加快建设。上汽智能驾驶汽车样车测试总里程超过 11 万 km，在开放道路的测试里程已超过 8 000 m。全球首款量产电动智能网联汽车荣威 Marvel X 成功上市销售，AR 增强现实智能导航、智能辅助驾驶等“黑科技”实现产业化落地。

上汽集团围绕人的智慧出行、车的便捷服务、物的高效流动，积极运用人工智能、大数据、云计算技术，发挥产业链上的资源协同优势，加快构建上汽移动出行大平台和服务大生态。在人的智慧出行方面，公司通过运用创新基金等市场化方式，实现“享道出行”网约车项目落地运营；上汽环球车享业务进入全国 64 个城市，车队规模达到 45 万辆，累计注册用户超过 400 万，服务运营质量持续提升。在车的便捷服务方面，车享科技的线上整车年交易量达 72 万辆，交易额超过 80 亿元，继续在整车电商平台名列前茅，个性化定制等特色业务能力持续增强；车享家线下服务门店超过 2 300 家，进入全国 120 个城市，会员总数超过 300 万人，配件、二手车、保险销售等服务生态持续优化。在物的高效流动方面，公司持续优化汽车物流业务的运力结构，水运和铁路运输占比超过 54%，多式联运、智能仓库等新模式不断探索深入；并通过整合天地华宇及全国物流资源，拓展物流服务领域，加快打造面向公共服务的快运物流平台。

另外，在金融服务方面，上汽集团汽车金融等传统优势业务继续保持较快增长，好车 e 贷、神速贷等线上平台的业务量快速攀升，行业领先优势进一步巩固加强；印度尼西亚多元金融合资公司完成工商设立，海外汽车金融服务迈出重要步伐；保险销售、股权投资、融资租赁等金融服务生态体系不断完善，金融科技水平和服务效能明显增强。与此同时，上汽集团加大数字化转型步伐，上汽人工智能实验室、数据中台、云服务中心等的中台支持能力不断加强，努力为移动出行平台和服务生态圈建设赋能，助力集团加快向全方位的移动出行服务和产品综合供应商转型。

3.4.3 比亚迪股份有限公司

比亚迪股份有限公司，简称比亚迪，是一家致力于“用技术创新，满足人们对美好生活的向往”的高新技术企业。比亚迪成立于 1995 年 2 月，经过 20 多年的高速发展，已由成立之初的 20 人壮大到今天的 24 万人，并在全球设立 30 多个工业园，实现了覆盖全球六大洲的战略布局。比亚迪业务布局涵盖电子、汽车、新能源和轨道交通等领，并在这些领域发挥着举足轻重作用，从能源的获取、存储再到应用，全方位构建零排放的新能源整体解决方案。比亚迪是香港和深圳上市公司，营业额和总市值均超过千亿元，是我国知名的高新技术民营企业。公司是全球新能源汽车产业的领跑者之一，2017 年公司连续第三次获得全球新能源汽车销量冠军。

根据公司销量公告，2018 年全年比亚迪实现汽车总销量 520 678 辆，同比增长 45.16%。其中，新能源汽车全年销量累计 247 811 辆，同比增长 118.01%；2018 年 12 月销量 46 650 辆，环比增长 55.11%，增长势头强劲。燃油汽车全年销量累计 272 876 辆，同比增长 11.35%，王朝系列的推出使得燃油汽车业务也有了较大改观，在车市整体低迷的宏观背景下实现了增长。

比亚迪2019年1月产销快报显示，新能源乘用车销量2.8万辆（同比增长292%），新能源商用车663辆（同比增长270%），燃油乘用车销量1.5万辆（同比减少56%），1月销量实现开门红。

2019年1月，销量继续保持高增长，爆款车终端继续保持强势，公司凭借爆款车拉动销量，在行业淡季市场占有率有望持续提升。公司销量高增长源于产品力提升，真正引起消费者自发需求。从车型布局来看，唐DM（高颜值＋性能优异＋智驾体验感＋插混）、元EV（全生命周期极强性价比），非限购售卖比例超出50%，同时随着后续唐EV、元EV535、宋max DM、宋二代上市，产品布局更加全面，先发优势明显，全年40万辆目标可期。

2019年春节前新能源补贴传言较多，最终补贴落地会好于市场预期。节前网传补贴退坡幅度较大，综合为国补退坡40%～50%，地补取消。公司单车盈利弹性测算：2018年比亚迪单车补贴近5万元（假设地补回收2/3），按补贴砍30%、40%、50%、60%、70%测算弹性，单车补贴降幅1.5万元、2万元、2.5万元、3万元、3.5万元，假设终端售价不变，补贴降幅直接对应毛利降幅（扣税前）。

2018年平均单车成本14.5万元，假设2019年电池成本下降15%，其他成本下降3%，产能利用率带来成本＋费用降低0.2万元。假设2019年销量38万辆，5种补贴降幅对应单车净利润分别为0.75万元、0.36万元、－0.02万元、－0.41万元、－0.79万元，盈亏平衡线对应补贴退坡幅度在50%左右，与2018年盈利持平线在40%左右。此外公司还可以通过产品升级进而涨价、轻量化保证续航不变前提下带电量下降、售卖NEV富裕积分等方式提升利润率，假设2019年车型平均涨价0.5万元，则盈亏平衡线对应补贴降幅60%，有一定盈利恢复空间。远期看，公司市场占有率持续提升，放量＋市场占有率提升的逻辑能兑现。

比亚迪公司现有产能深圳＋惠州16 GW·h，6 GW·h三元电池，部分铁锂电池可切换三元电池，青海总设计产能24 GW·h，一期12 GW·h，预计2019年初投产；后续有西安30 GW·h、重庆20 GW·h，西安工厂有望加速投产。

比亚迪2018年前三季财报显示，其三季度单季的净利润达10.48亿元，与2017年同期的10.69亿元基本持平，环比2018年二季度（3.77亿元）大幅增长178%。单看2018年第四季度的话，比亚迪净利润约12亿～16亿元，环比2018年第三季度（10.48亿元）增幅14.50%～52.67%。有分析认为，净利润的逐季攀升，显示出比亚迪在行业整体下行的大背景下，有着较强的盈利能力和较高的投资价值。

值得注意的是，比亚迪的另一个关键指标也明显好转。比亚迪2018年第三季度财报显示，期内经营活动产生的现金流量净额由2018年6月底的－16.07亿元转正，变为66.50亿元。

2018年1—9月，比亚迪营业额889.91亿元，同比增长20.35%，归属上市公司净利润约15.27亿元，同比下降45.3%；第三季度营收348.3亿元，同比增长20.54%，净利润10.47亿元，同比下降1.92%。归属于上市公司股东的扣除非经常性损益的净利润约5.08亿元，比2017年同期减少40.46%。

同时，比亚迪预期的2018年全年净利润区间为27.27亿～31.27亿元，这无疑令比亚迪成为在市场下滑的环境下，逆势增长的企业。

为什么净利润同比下降45.3%呢？据分析，比亚迪第三季度，随着2018年6月12日新的补贴政策的执行，新能源汽车行业快速增长。集团于5月底和6月底推出的两款新车元EV360及全新一代唐DM赢得了大量订单，在第三季度陆续交付并贡献显著销量，带动集团新能源汽车销量实现强劲增长，盈利水平也将环比大幅改善。燃油汽车业务方面，受宏观经济影响整体汽车市场需求增速放缓，但宋Max车型凭借综合竞争优势将继续保持热销，带动集团燃油汽车销量及收入同比2017年实现显著增长。手机部件及组装业务方面，集团继续与全球领导品牌厂商保持紧密合作，继续赢得其高端旗舰机型订单，推动该业务于第三季度实现良好发展。太阳能业务方面，受政策变化及市场需求影响，第三季度太阳能业务仍有一定亏损，但较2017年同期实现一定改善。

2018年第四季度，集团新能源汽车业务继续维持强劲增长，带动集团盈利快速恢复。新能源乘用车部分，新车型凭借强大的市场竞争力已累计大量在手订单，随着电池产能瓶颈的缓解，销量较2017年同期将实现大幅增长。新能源商用车部分，虽然电动大客车销量有所下滑，但随着电动专用车的批量交付，集团商用车业务将实现平稳发展。燃油车业务方面，宋Max继续热销，新车型全新一代唐DM燃油版及秦Pro燃油版销量将持续增长，较好地抵消老款车型销量下滑带来的影响，燃油车整体销售平稳。手机部件及组装业务方面，金属部件业务竞争力持续增强，玻璃机壳业务稳步推进，但受行业需求疲弱及市场竞争加剧影响，手机部件及组装业务维持平稳发展。光伏业务部分，受销量及单价下滑影响，光伏业务于第四季度仍有一定亏损。

技术研发是比亚迪公司最注重的，其“542”科技重新定义了汽车标准，5 s以内的百公里加速时间是性能标准，以操控为首的极速电四驱是安全标准，2 L以内的百公里油耗是油耗标准。铁电池技术是比亚迪领先独创的，可实现容电量高达18.5 kW·h的动力电池，85 km的纯电动续驶里程反应迅速，绿色环保，动力强劲。用“542”科技标准生产出来的新能源汽车在产品质量上得到了不错的保证。

在产品策略上，比亚迪除了秦、唐、宋等系列，还推出了新能源公共汽车，并正在研发新能源无人驾驶汽车。相较于传统汽车和新能源汽车同行的分类，比亚迪新能源汽车的产品类型比较单一，只有少数的几款车型，对于目标群体的细分较差，还有很大的提升空间。

比亚迪公司虽然坚持自主研发，但效果并不显著，在关键技术方面仍旧受制于人，譬如动力电池隔膜这一重要设备全部依赖进口。比亚迪的汽车电池之前主要是磷酸铁锂电池，这种电池的特点是能量密度低，但充电快。当市场认可与国家政策倾向宁德时代的三元锂电池之后，比重的市场份额急速减少。现今，比亚迪开始转向三元锂电池，能量密度达到 200 W · h/kg，在 2020 年达到 300 W · h/kg，这个水平和宁德时代差不多。并且作为区别于传统燃料的新能源汽车，需要充电桩等配套设施，充电标准问题和汽车维修问题等，到目前为止这些问题都没能很好地解决。比亚迪对于新能源汽车研发的投入与国外同行相比仍有很大差距。就分布来看，新能源汽车充电桩多集中于北京、上海、浙江、广东等沿海地区，在西北地区，尤其是西安地区，也是比亚迪新能源汽车生产基地，直到 2017 年，仍未能解决新能源汽车的充电问题。充电难、充电贵始终是许多人不选择购买新能源汽车的原因。再加之新能源汽车的维修需要专用的检测维修设备，一般修理店修不了，也导致许多人望而却步。

3.4.4　江苏徐工工程机械租赁有限公司

徐工集团成立于 1989 年 3 月，成立以来始终保持中国工程机械行业排头兵的地位，2007 年位居世界工程机械行业第 16 位，中国 500 强企业第 191 位，中国制造业 500 强企业第 96 位，是中国工程机械产品品种和系列最齐全、最具竞争力和最具影响力的大型企业集团。“徐工”是行业首个“中国驰名商标”。

江苏徐工工程机械租赁有限公司（以下简称“徐工租赁”）成立于 2007 年 8 月，是徐工集团的全资子公司，注册资本 8 亿元。徐工租赁 2008 年 9 月通过国家商务部和税务总局审批成为融资租赁内资试点企业；2009 年 9 月被中国工程机械工业协会工程机械租赁分会授予优秀会员称号。2022 年 4 月，上交所公司债券项目信息平台显示，江苏徐工工程机械租赁有限公司 40 亿元 ABS 项目状态更新为“已受理”，更新日期为 2022 年 4 月 9 日。

徐工租赁经营业务范围包括：工程机械融资租赁、经营租赁、整机销售、二手机械回收与销售、设备修理、备件销售；主要产品有工程起重机械、压实机械、铲运机械、筑路机械、养护机械、混凝土机械、挖掘机械、桩工机械、重型卡车等。经营业务涵盖工程起重机械、铲土运输机械、挖掘机械、筑路及养护机械、路面及压实机械、混凝土机械、桩工及非开挖机械、铁路建设装备、高空消防设备、重卡及特种专用车辆等一系列徐工产品。

徐工租赁拥有雄厚的工程技术和维修服务人员队伍，营销和服务网络覆盖全国。公司秉承“担大任、行大道、成大器”的核心价值观和“严格、踏实、上进、创新”的企业精神，致力于为全球工程机械用户提供优质、高效、快捷、方便的融资租赁解决方案。

3.4.4.1 徐工租赁的优势

(1) 老客户口碑。徐工租赁十几年来的服务，获得了徐工老客户的一致认可，便捷的服务方式让数万名徐工老客户轻松获得成功。

(2) 便捷的审核批准。相比银行和其他金融机构，客户的融资申请更容易获得审核批准。作为徐工品牌的支撑服务平台，徐工租赁的厂商资源和对行业产品的专业、专注，使其更加了解客户的需求与设备使用的契合，更关注的是如何帮助客户使用徐工产品实现收益。徐工租赁的经验和专业，使其比银行和其他金融机构更了解客户的工程和业务。

(3) 资金占用少。无论是工程施工还是设备投资，选择了徐工租赁，将节省一大笔前期投入资金，只需要较少的首付款，就能够得到符合自己需求的最佳的融资租赁解决方案。

(4) 流程更快捷。如果资料齐全，客户可以在一个工作日内完成所有手续。如果是资信俱佳的徐工老客户，徐工租赁还会开放绿色通道，让客户更快获得批准、更快筹到资金并支付更少的工本费。

(5) 经营压力小。根据客户选择的徐工产品，徐工租赁将为客户量身设计最契合生产计划和产品寿命的经济租赁期限。客户可以通过使用徐工产品获得盈利，从而轻松支付租金还款。

(6) 还款方式灵活。历年来，徐工租赁已经帮助许多老客户渡过了行业低迷的难关。此外，徐工租赁还为客户提供不等额还款、提前还款等便利方式，而且可以根据客户具体工程创收现金流情况为客户制定合适的融资租赁付款方案。

3.4.4.2 厂商金融业务

(1) 工程机械。徐工租赁根植徐工集团工程机械主业，充分利用工程机械专业优势，通过与制造厂、经销商、终端客户的深度合作，针对传统工程机械设备，为客户提供量身定制的专业化融资租赁方案，解决客户资金需求，帮助客户提升运营能力。

设备类型：工程起重机械、挖掘机械、铲土运输机械、道路机械、桩工机械、消防机械、地下工程机械、矿用工程机械、铁路工程机械等。

业务类型：新设备融资、售后回租。

客户群体：工程机械企业用户、工程机械个体用户。

服务案例：已累计服务客户近 5 万名，提供融资额近 600 亿元。

(2) 重卡及专用车。徐工租赁立足徐工集团产业发展战略，致力于重卡及专用车金融业务的发展，围绕重卡及专用车产品，以国际化视野、市场化运作方式，创新金融产品，为客户提供多元化融资租赁解决方案，满足用户超值需求。

设备类型：物流车、工程车、专用车、牵引车、专用车底盘等。

业务类型：新设备融资、售后回租。

客户群体：物流公司、运输公司、个体用户。

服务案例：已累计服务客户 2 万名，提供融资额近 100 亿元。

(3) 环卫。徐工租赁致力于服务徐工集团环境产业发展，围绕环卫机械、环境治理设备深度创新业务模式，为“环境保护产品＋环境污染治理服务”两大主要环境事业的落地提供订制化的融资租赁解决方案，满足环境产业客户个性化的融资需求。

设备类型：垃圾收转运成套设备、道路清洁成套设备、除冰雪成套设备、餐厨垃圾处理成套设备、机制砂石及建筑垃圾资源化利用成套设备、垃圾后处理成套设备、土壤修复成套设备，以及各式垃圾车、疏通清洗车、吸污车、各类垃圾处理站等。

业务类型：新设备融资、售后回租、环卫整体项目融资。

客户群体：环卫管理机构、物业公司、个体用户。

服务案例：已累计服务客户 11 名，提供融资额约 2.5 亿元。

3.4.4.3　产业链金融

(1) 优质客户自有设备融资。根植工程机械主业，充分利用工程机械专业优势，延伸拓展下游产业链，深耕终端优质客户资源，针对传统工程机械设备，为客户提供量身定制的融资性及优化型售后回租方案，解决客户资金需求，促进资金结构优化，助力客户提升运营能力。

设备类型：各类自有产权的工程机械。

业务类型：售后回租。

客户群体：工程机械企业用户、工程机械个体用户。

服务案例：已累计服务客户 50 余名，提供融资额 8 000 余元。

(2) 设备类项目融资。拓展多元化之路，致力于满足中小企业及优质个体客户的融资需求，围绕以设备为载体的融资项目，提供项目性融资租赁解决方案。

设备类型：高价值设备。

业务类型：新设备融资、售后回租。

客户群体：项目性运营公司、平台。

服务案例：已累计服务客户 23 名，提供融资额 6 000 余万元。

(3)供应链金融。致力于拓展徐工集团供应链，充分利用金融资金优势，服务广大徐工供应商，减轻供应商资金压力，缩短应收账款周期，为供应商提供量身定制的保理融资方案。

业务类型：应收账款保理。

客户群体：徐工集团上游供应商。

3.4.4.4 二手车交易

齐全的门类、优质的性价比，在徐工租赁二手交易中心，客户可以得到自身最满意的选择。二手交易中心除整机销售外，同时提供二手设备的维修再制造服务、评估鉴定服务、新旧备件销售服务以及社会第三方的设备寄售服务等，提供更多类型的增值服务。

(1) 二手设备资源。各类二手设备资源，主要包括信用销售过程中收回的债权设备、库存积压设备、以旧换新业务置换的二手设备等。徐工租赁已建成二手设备实体交易市场和二手设备交易电子商务平台，旨在搭建二手设备资源与终端市场的公正、透明、大型交易平台。

(2) 二手交易实体市场。徐工租赁二手设备交易中心位于徐州经济技术开发区，面积 7 000 多平方米，各经销商网点覆盖全国，可当地化满足客户需要。该中心提供专业的二手车仓储、展示以及交易的场所，将待售的二手设备集中存放展示、统一管理，以此形成一个产品线齐全、管理规范、交易透明、具有一定品牌效应的专业市场

3.4.4.5 融资服务流程

融资租赁是一种金融服务。融资租赁公司作为出租人，根据承租人对租赁物件的特定要求和对供货人的选择，出资向供货人购买租赁物件，并租给承租人使用，承租人则分期向出租人支付租金，在租赁期内租赁物件的所有权属于出租人所有，承租人拥有租赁物件的使用权。徐工租赁融资租赁服务流程见图 3-8。

图 3-8　徐工租赁融资租赁服务流程

经过多年来坚持不懈的市场开拓，目前，徐工租赁业务网络已覆盖全国 28 个省、自治区和直辖市，在京津、河北、山东、河南、江苏、安徽、陕西、浙江、广东等省份已形成了较为完善的业务布局，国内已设立 7 个直属办事机构、30 余个服务网点，实现租赁业务的当地化管理。

第4章

商用车融资租赁风险影响因素的实证分析

4.1　实证方法

4.1.1　回归分析模型

回归分析是一种应用极为广泛的数量分析方法。它用于分析事物之间的统计关系，侧重考察变量之间的数量变化规律，并通过回归方程的形式描述和反映这种关系，帮助人们准确把握变量受其他一个或多个变量影响的程度，进而为预测提供科学依据。

“回归”一词是英国统计学家 Galton（高尔顿）在研究父亲身高和他们成年儿子身高关系时提出的。从大量的父亲身高和其成年儿子身高数据的散点图中，Galton 天才地发现了一条贯穿其中的直线，它能够描述父亲身高和其成年儿子身高之间的关系，并可用于预测某身高父亲其成年儿子的平均身高。他的研究发现，如果父亲的身高很高，那么成年儿子也会较高，但不会像父亲那么高；如果父亲的身高很矮，那么成年儿子也会较矮，但不会像父亲那么矮。他们会趋向于子辈身高的平均值。Galton 将这种现象称为“回归”，将那条贯穿于数据点中的线称为“回归线”。后来，人们借用“回归”这个名词，将研究事物之间统计关系的数量分析方法称为回归分析。

4.1.1.1　回归线和回归模型

利用样本数据获得回归线通常可采用两类方法：第一，局部平均；第二，函数拟合。

(1) 局部平均。局部平均的含义可借用父亲和儿子身高关系的例子来理解。假设收集到了父亲和儿子身高的数据$(x,y)(i=1,2,\cdots,)$,可以对它们做绘制散点图、计算基本描述统计量等基础分析。根据父亲身高的数据(x)预期儿子身高的平均值有以下几种情况:第一,子辈身高的平均值y。显然这个预测是不准确的,原因是没有考虑父亲身高(x)的作用;第二,父亲身高为x的所有儿子身高的平均值y。该预测较第一种方法显然要准确得多。第三,如果在获得的数据中没有父亲身高为x的样本数据,可考虑计算父亲身高为x左右的一个较小区间内的儿子身高的平均值。按照这种思路,在散点图上不难得到一系列(x,y)(表示散点图由左往右的第x个区间)对应的数据点。如果这些点足够多,则可以描绘出一条光滑曲线,它们将是上述提到的回归线的近似线。可见,回归线是局部平均的结果。

(2) 函数拟合。利用局部平均得到回归线在样本量足够大时才可实现。然而通常样本量可能无法达到预期的数量,此时多采用函数拟合的方式得到回归线。函数拟合的基本思路是:首先通过散点图观察变量之间的统计关系,得到回归线形状(线性关系或非线性关系)的直观认知,并确定一个能够反映和拟合这种认知且最简洁的(参数最少的)数学函数(线性函数或非线性函数),即回归模型;然后,利用样本数据在一定的统计拟合准则下,估计出回归模型中的各个参数,得到一个确定的回归方程;最后,在样本数据的基础上得到回归方程中的参数。

由于抽样随机性的存在,估计出的回归方程未必是事物总体间数量关系的真实体现,因此需要对回归方程进行各种检验,判断该方程是否真实地反映了事物总体间的统计关系,能否用于预测,并最终得到回归线的近似线。可见,函数拟合方式较局部平均具有更强的可操作性,因而得到广泛采纳。

4.1.1.2 回归分析的一般步骤

(1) 确定回归方程中的解释变量和被解释变量。由于回归分析用于分析一个事物如何随其他事物的变化而变化,因此回归分析的第一步应确定哪个事物是需要被解释的,即哪个变量是被解释变量(记为y),哪些事物是用于解释其他变量的,即哪些变量是解释变量(记为x)。回归分析正是y关于x的回归方程,并在给定x的条件下,通过回归方程预测y的平均值。这点是要建立相关分析的,因此,父亲身高关于成年儿子身高的回归分析与成年儿子身高关于父亲身高的回归分析是完全不同的。

(2) 确定回归模型。根据函数拟合方式,通过观察散点图确定应通过哪种数学模型来概括回归线。如果被解释变量和解释变量之间存在线性关系,则应进行线性回归分析，建立线性回归模型；反之，如果被解释变量和解释变量之间存在非线性关系，则应进行非线性回归分析，建立非线性回归模型。

(3) 建立回归方程。根据收集到的样本数据以及前步所确定的回归模型，在一定的统计拟合准则下估计出模型中的各个参数，得到一个确定的回归方程。

(4) 对回归方程进行各种检验。前面已经提到，由于回归方程是在样本数据基础上得到的，回归方程是否真实地反映了事物总体间的统计关系以及回归方程能否用于预测等都需要进行检验。

(5) 利用回归方程进行预测。建立回归方程的目的之一是根据回归方程对事物的未来发展趋势进行预测。利用 SPSS 进行回归分析时，应重点关注上述过程的第一步和最后一步，至于中间各步，SPSS 会自动执行，并给出最合理的模型。

4.1.1.3　线性回归模型

观察被解释变量 y 和一个或多个解释变量 x 的散点图，若发现 y 与 x 之间呈现出显著的线性关系，则应采用线性回归分析的方法，建立 y 关于 x 的线性回归模型。在线性回归分析中，根据模型中解释变量的个数，可将线性回归模型分成一元线性回归模型和多元线性回归模型，相应的分析称为一元线性回归分析和多元线性回归分析。

(1) 一元线性回归模型。一元线性回归模型是指只有一个解释变量的线性回归模型，用于揭示被解释变量与另一个解释变量之间的线性关系。在现实社会经济现象中，某一事物(被解释变量)总会受到多方面因素(多个解释变量)的影响。一元线性回归分析是在不考虑其他影响因素或在认为其他影响因素确定的条件下，分析一个解释变量是如何线性影响被解释变量的，因而是比较理想化的分析。

(2) 多元线性回归模型。多元线性回归模型是指有多个解释变量的线性回归模型，用于揭示被解释变量与其他多个解释变量之间的线性关系。多元线性回归的数学模型是 $y=B+B_1x_1+B_2x_2+\cdots+B_px_p+e$，是一个 p 元线性回归模型，其中有 p 个解释变量。它表明：被解释变量 y 的变化可由两个部分解释。第一，由 p 个解释变量 x 的变化引起的 y 的线性变化部分，即 $y=B+B_1x_1+B_2x_2+\cdots+B_px_p$；第二，由其他随机因素引起的 y 的变化部分，即 e，B，$B_1\cdots$，B_p 都是模型中的未知参数，分别称为回归常数和偏回归系数。e 称为随机误差，也是一个随机变量，同样满足要求。

4.1.2 回归模型对于信用风险评估的适用性

（1）现有信用风险评估模式存在一定缺陷。对于商用车融资租赁风险管理来说，最核心的工作是对项目申请人进行资信评审。但是目前，各个商用车融资租赁公司现有的信用评估模型普适性不足，始终缺乏科学的数据分析和建模方法，以广泛应用于商用车融资租赁信用评估。

（2）多元线性回归模型对于信用风险评估存在技术上的适用性。信用评估模型的被解释变量为定量变量，取值是个变量，与常规的计量模型一致，同时与回归模型的应用方向是一致的。而且影响客户是否违约的因素，既有项目自身特点，又有客户个人特征、信用特征等，因素之间可能存在线性关系，且不同因素之间相互独立，可进一步适用于多元回归模型，以进行定量分析。

（3）回归模型得到的结论对信用风险预测具有重要的指导意义。回归模型应用于信用风险评估中，主要解决的是哪些因素会导致违约概率增加。通过回归模型，可以实现对影响违约的指标进行分类、汇总、整理，并兼顾数据的可获取性和可量化性，可以选取个人特征、项目特征、信用特征、经营特征等多项指标。这些指标既可以全面反映融资租赁项目不同层次的信息，又可以进一步探究其与违约与否的相关关系。其研究结论有助于健全完善信用风险控制体系，提高风险控制的预测准确率。

4.1.3 大数据技术的应用

（1）大数据来源。本研究基于大数据技术的规模性、多样性、实时性、价值性特征，选取B融资租赁公司（简称B公司）的真实数据，包含客户、经销商的差异化特性、规模实力、信用记录、用车情况等数据信息，全面反映了客户状况。B公司是国内一家大型商用车生产企业的全资子公司，主要从事商用车的融资租赁业务，目前注册资本超过20亿元，年新增服务车辆融资租赁客户超过2万个，新增车辆超过3万台，投放金额超过100亿元，在国内工程机械和商用车融资租赁行业中处于领先水平。

（2）大数据挖掘。通过大数据挖掘技术从B公司商用车的海量业务数据中，利用迭代分析、查找计算选取了12 343份合同样本，时间区间从2013年到2021年。

（3）大数据处理。通过对大数据样本进行深入筛选分析，发现部分样本数据不符合要求，优化数据分析处理技术，对无效样本数据作了进一步剔除，最终获得有效样本合同 12 238 份，其中履约客户 11 030 份，违约客户 1 208 份，并从客户特征、项目特征、信用特征等方面构建了指标体系。

(4) 大数据分析。通过大数据分析技术，构建基于多元线性回归模型的大数据信用评估模型，运用大数据分析软件 SPSS 对样本数据进行回归分析、功效评估，并基于样本匹配对大数据分析结果进行检验。

(5) 大数据结果运用。基于大数据分析结果，提出了提升信用风险控制质量和效率的政策建议，包括提供差异化的金融服务、克服传统风险控制技术时滞性、开发更广泛的客户群体等。

4.2　数据指标选择

4.2.1　指标选取原则

在通过建立多元线性回归模型分析客户是否违约的影响因素时，需选取科学合理的解释变量指标。本研究在解释变量的选取上遵循以下原则：

(1) 全面性原则。指标的选取应全面覆盖可审视申请维度特质的信息，综合考虑影响承租人还款特质的各种因素。

(2) 科学性原则。科学性原则体现在两个方面，一是申请人资料来源真实可靠；二是对资料的筛选保证客观。

(3) 层次性原则。指标的分类要清晰合理，保持数据的层次性，这要求选择指标的人员应具备良好的分析能力和决策能力。

(4) 可得性原则。在指标的设定上，还应关注数据可得易得，不能过度提高数据的获取难度而影响了普适性。

(5) 典型性原则。选取的指标应代表性充分，对目标值构成重要影响。

4.2.2　模型设计与变量定义

任娜(2011)、罗方科等(2017)、舒扬等(2017)、张晓清(2017)、张心怡等(2021)、张维珏(2022)等国内学者研究信贷违约的文献表明，贷款人基本信息(年龄、性别、婚姻状况、客户学历、职业、所处区位)、贷款项目信息(首付比例、贷款额度、贷款期数、车型、贷款利率、是否通过经销商)、信用信息(资产级别、是否抵押、是否担保、是否有过违约记录、房产情况、营运收入情况)、外部环境信息

(季节因素、政策变化、市场变化)、贷款人特征信息(信贷员拜访次数、是否电话征信、是否家访调查、审批时长)等因素会对信贷违约风险造成一定影响。

其中,因变量 Ratio 代表融资租赁逾期率和融资租赁逾期月份比率。融资租赁逾期率=逾期金额/融资租赁金额;融资租赁逾期月份比率=逾期月份/融资租期。融资租赁逾期率越高,融资租赁逾期月份比率越高,客户履约情况越差;融资租赁逾期率或者融资租赁逾期月份比率等于 0,则客户履约情况好,无违约。

解释变量:在系统、全面、科学选取相关指标的基础上,结合 B 融资租赁公司业务实际情况和可得数据情况,本研究将选取逾期责任主体、是否担保、融资期限、是否 GPS、首付比例、保证金比例等 15 个指标作为初始指标体系,其名称、取值和影响逻辑见表 4-1。

结合本研究的研究目的,我们提出的实证检验模型如下:

$$\text{Ratio}=\alpha+\alpha_1\text{Res}+\alpha_2\text{Gua}+\alpha_3\text{Mode}+\alpha_4\text{Area}+\alpha_5\text{Lic}+\alpha_6\text{Per}+\alpha_7\text{Others}+\xi$$

表 4-1　商用车融资租赁信用风险实证分析指标体系

变量分类	变量名称	取值和影响逻辑	预计符号
因变量	逾期金额比例	值越高,逾期率越高	
	逾期月份比例	值越高,逾期率越高	
解释变量	责任主体(Responsibility)	0=法务;1=金融 金融分管 1 期,逾期率低	(−)
	是否担保(Guarantee)	0=无担保;1=有担保 厂家不担保,逾期率低	(+)
	销售模式 (Mode)	0=直销;1=经销 经销,逾期率低	(−)
	销售区域 (Area)	3.北京、天津、江苏、上海、浙江、福建、广东(最发达地区);2.黑龙江、吉林、辽宁、河北、陕西、山东、安徽、湖北、重庆(较发达地区);1.河南、湖南、四川、广西、海南、内蒙古、山西、江西(较不发达地区);0.宁夏、新疆、青海、云南、贵州、甘肃、西藏(最不发达地区)。地区越发达,逾期率越低	(−)
	是否上牌(License)	0=不上牌;1=上牌 车辆上牌,逾期率低	(−)
	融资期限(Period)	一般介于 6～36 期之间 融资期限越短,逾期率越低	(+)

表 4-1(续)

变量分类	变量名称	取值和影响逻辑	预计符号
解释变量	是否 GPS (GPS)	0＝有;1＝无 安装 GPS,逾期率越低	(+)
	首付比例(Payment)	首付比例越高,逾期率越低	(－)
	保证金比例(Deposit)	保证金比例越高,逾期率越低	(－)
	风控评审 (Risk)	0＝严格;1＝不严格 风控评审越严格,逾期率越低	(+)
	承租人诚信状况(Honesty)	0＝好;1＝不好 承租人诚信状况越好,逾期率越低	(+)
	经销商实力(Power)	0＝弱;1＝强;2＝很强 经销商实力越强,逾期率越低	(－)
	市场化程度 (Level)	0＝高;1＝低 市场化程度越高,逾期率越低	(+)
	放款年份 (Year)	0＝2013 年以前;1＝2013 年;2＝2014 年; 3＝2015 年;4＝2016 年;5＝2017 年; 6＝2018 年;7＝2019 年;8＝2020 年; 9＝2021 年	未知
	车辆类型 (Type)	0＝矿卡、搅拌车;1＝载货车、牵引车; 3＝自卸车、随车吊	未知

4.3　指标描述性统计

选取样本共包含 12 238 个观测值,其中履约客户为 11 030 个,占比 90.13%,违约客户为 1 208 个,占比 9.87%,违约客户占比小于回归模型适用的 15%概率条件。所有解释变量和被解释变量指标的名称、观测值、均值、标准差、最小值、最大值等描述性统计分布如下。

4.3.1　融资租赁业务车辆类型分析

从三个指标来分析 B 公司融资租赁业务,分别是商用车的车辆类型、商用车的销售区域和融资租赁的放款年份。

首先来看B公司销售商用车的车辆类型。从表4-2可以看出,B公司商用车类型品种较多,包括燃油车和新能源汽车,类型包括牵引车、搅拌车、载货车、自卸车、随车吊和矿卡。牵引车就是车头和车厢之间是用工具牵引的一般的大型货车或半挂车,也就是该车车头可以脱离原来的车厢而牵引其他的车厢,而车厢也可以脱离原车头被其他的车头所牵引。前面有驱动能力的车头叫牵引车,后面没有牵引驱动能力的车叫挂车,挂车是被牵引车拖着走的。牵引车和挂车的连接方式有两种:第一种是挂车的前面一半搭在牵引车后段上面的牵引鞍座上,牵引车后面的桥承受挂车的一部分重量,这就是半挂;第二种是挂车的前端连在牵引车的后端,牵引车只提供向前的拉力,拖着挂车走,但不承受挂车的向下的重量,这就是全挂。经常用于车间内或车间之间大批货物的运输,如汽车制造业仓库向装配线的运输、机场的行李运输。搅拌车,是用来运送建筑用的混凝土的专用卡车;由于它的外形,也常被称为田螺车、橄榄车。这类卡车上都装置圆筒型的搅拌筒以运载混合后的混凝土,在运输过程中会始终保持搅拌筒转动,以保证所运载的混凝土不会凝固。运送完混凝土后，通常都会用水冲洗搅拌筒内部，防止残余混凝土硬化占用空间，使搅拌筒的容积越来越少。载货汽车，一般称作载货车或卡车,包括自卸卡车、牵引卡车、非公路和无路地区的越野卡车和各种专为特殊需要制造的车辆。载货车指主要用于运送货物的汽车,有时也指可以牵引其他车辆的汽车,属于商用车辆类别。一般可依照车的重量分为重型和轻型两种。绝大部分货车都以柴油引擎作为动力来源,但有部分轻型货车使用汽油、石油气或者天然气。自卸车是指通过液压或机械举升而自行卸载货物的车辆,又称翻斗车,由汽车底盘、液压举升机构、货厢和取力装置等部件组成。自卸车的车厢分后向倾翻和侧向倾翻两种,通过操纵系统控制活塞杆运动,后向倾翻较普遍,推动活塞杆使车厢倾翻,少数双向倾翻。自卸车在土木工程中经常与挖掘机、装载机、带式输送机等工程机械联合作业,构成装、运、卸生产线,进行土方、砂石、散料的装卸运输工作。随车起重运输车,简称随车吊(crane truck),是一种通过液压举升及伸缩系统来实现货物的升降、回转、吊运的设备,通常装配于载货汽车上。一般由载货汽车底盘、货厢、取力器、吊机组成,集吊装和运输于一体,多用于车站、仓库、码头、工地、野外救援等场所,可配备不同长度的货厢和不同吨位的吊机,还可以在车厢内加上水罐,构成随车吊洒水车。

车辆上牌情况见表4-3。其中矿卡主要在特定场景工作,不需要上牌照,其他都是上牌车辆。所谓车辆上牌是指给新车辆办理车辆牌照号码,这是为了更好地区分车辆,和人的身份证一样,每个人登记办理的都不一样。商用车上牌需要带的证件:身份证、汽车合格证、汽车参数表、汽车发票二和四联、汽车购置税、汽车保单等。所有类型车辆中，牵引车销售最多，共计 6 875 台，占到销售总量的 56.2%，其次是自卸车，占比 19.4%，搅拌车位居第三，占比 7.5%。新能源商用车(电动汽车)数量不多，仅销售 11 台。此外，B 公司对二手车销售也可以办理融资租赁业务，共计办理 146 台，占比 1.2%。

表 4-2　车辆类型分析

类型	数量/台	百分比/%	有效百分比/%	累计百分比/%
电动汽车	11	0.1	0.1	0.1
二手车	146	1.2	1.2	1.3
矿卡	638	5.2	5.2	6.5
搅拌车	914	7.5	7.5	14.0
载货车	378	3.1	3.1	17.1
牵引车	6 875	56.2	56.2	73.3
自卸车	2 379	19.4	19.4	92.7
随车吊	897	7.3	7.3	100.0
总计	12 238	100.0	100.0	

表 4-3　车辆上牌情况分析

类型	数量/台	百分比/%	有效百分比/%	累计百分比/%
不上牌	643	5.3	5.3	5.3
上牌	11 595	94.7	94.7	100.0
总计	12 238	100.0	100.0	

4.3.2　融资租赁业务销售地区分析

第二个指标是销售区域。B 公司商用车销售地区遍及全国大江南北，从东北到西北，从云南到新疆，既有经济发达省份比如苏浙沪，也有经济欠发达地区比如内蒙古，各地区市场销量差异很大。位于市场销量第一梯队的省份包括河南、山东和江苏，其中河南销售 2 389 台，山东销售 2 210 台，江苏 1 920 台，三个省份的市场占有率之和达到了 50%以上。位于市场销量第二梯队的地区包括西北、河北和广东，其中西北地区销售 1 008 台，河北销售 977 台，广东 902 台，三个省份的市场占有率之和接近 1/4。地区销售数量比较少的主要有沪浙地区、川渝地区和蒙中地区，三个区域市场销量均不足 300 台，川渝地区甚至没有突破 100 台。（表 4-4）

表 4-4 销售区域分析

区域	数量/台	百分比/%	有效百分比/%	累计百分比/%
安徽	627	5.1	5.1	5.1
东北	563	4.6	4.6	9.7
川渝	98	0.8	0.8	10.5
广东	902	7.4	7.4	17.9
河北	977	8.0	8.0	25.9
河南	2 389	19.5	19.5	45.4
湖北	586	4.8	4.8	50.2
沪浙	216	1.8	1.8	52.0
江苏	1 920	15.6	15.6	67.6
山东	2 210	18.1	18.1	85.7
西北	1 008	8.2	8.2	93.9
蒙中	188	1.6	1.6	95.5
云南	554	4.5	4.5	100.0
总计	12 238	100.0	100.0	

4.3.3 融资租赁业务放款时间分析

第三个指标是融资租赁的放款时间。该样本选择 B 公司 2013 年之前以及 2013 年至 2021 年间的融资租赁业务，从时间的纵向比较可以看出，2019 年之前，B 公司融资租赁业务呈逐年上升趋势，由 2013 年的 206 台上升到 2019 年的 2 867 台。新冠疫情发生后，环境的不确定性加剧了市场风险，市场销量也受到了冲击，2020 年融资租赁业务下降到 2 105 台，2021 年更是下降到 1 187 台。在新冠疫情暴发后，我国商用车市场销量可以说是江河日下，很多工程项目因为疫情被迫暂停或终止，市场需求疲软；此外，疫情对商用车生产企业的供应链管理也带来挑战，很多重要的原材料因为疫情导致不能正常供应。在这种市场环境下，B 公司融资租赁业务也不尽人意。（表 4-5）

表 4-5　放款年份分析

年份	数量/台	百分比/%	有效百分比/%	累计百分比/%
2013 年以前	73	0.6	0.6	0.6
2013 年	206	1.7	1.7	2.3
2014 年	369	3.0	3.0	5.3
2015 年	232	1.9	1.9	7.2
2016 年	727	5.9	5.9	13.1
2017 年	1 872	15.3	15.3	28.4
2018 年	2 600	21.2	21.2	49.6
2019 年	2 867	23.4	23.4	73
2020 年	2 105	17.2	17.2	90.2
2021 年	1 187	9.8	9.8	100.0
总计	12 238	100.0	100.0	

4.3.4　融资租赁销售模式分析

B 公司商用车销售模式主要有两种方式，经销和直销模式。直销是指厂家直接销售商品和服务，直接绕过传统批发商或零售通路，直接从顾客接收订单。经销是指经销商按照约定条件为供货商销售产品。双方订立协议或相互约定，由供货商向经销商定期、定量供应货物。经销商与供货商之间也是买卖关系，经销商必须自垫资金购买供货商的货物，自行销售，自负盈亏，自担风险。经销和直销的区别主要是：① 直销和经销的入门难度不同。相对来说经销加入难度大，投入较多。直销入门块，门槛低，无负担分享产品。② 直销和经销的行业稳定性不同。经销需要签订经销合同，相对来说经销要更加稳定一些。直销只需要加入会员就能开始，无须签订合约，行业不是特别稳定。③ 直销和经销利益联结不同。直销的利益联结是直销员和单品牌企业，经销的利益联结是经销商和多品牌、多企业。从表 4-6 可以看出，B 公司商用车销售模式主要以经销为主。（表 4-6）

表 4-6 销售模式分析

类型	数量/台	百分比/%	有效百分比/%	累计百分比/%
直销	473	3.9	3.9	3.9
经销	11 765	96.1	96.1	100.0
总计	12 238	100.0	100.0	

4.3.5 主机厂担保分析

目前，由于汽车市场竞争加剧，为促进销量，一些整车厂尤其是民营商用车企业通过和金融机构合作为客户购车提供融资贷款服务。由客户向合作金融机构提供授信业务合同文本及其他授信资料，在办理贷款业务时，客户需将贷款所购买的车辆抵押给金融机构，对其所抵押车辆负有回购担保义务。在客户还贷出现逾期时，主机厂垫付款项作为预付抵押车辆的回购款项，最终在回购车辆价款中结算。提供这一服务的车企，往往成立有专门管理部门及专业人员在客户所在地配合采取控制风险措施，使公司所承担的风险降至最低，且在可控范围之内。对于经销商而言，这有利于降低资金压力并且有利于提升汽车销量。B公司在商用车行业领域不占优势，为扩大市场销量、提高市场占有率，也对融资租赁业务进行主机厂担保行为，从表 4-7 可以看出，近年来，B公司融资租赁担保业务涉及 7 670 个合同，无担保合同 4 568 个，总体来看，担保业务较多，占比达到 62.7%。担保意味着 B公司承担连带责任，尤其是疫情这三年，很多经销商和大客户资金链比较薄弱，资金流或多或少出现紧张局势，在这种情况下，B公司的融资租赁担保业务风险也在逐步加大，不利于公司可持续发展战略，应该逐步放开免担保业务，引入第三方融资租赁公司，优化现金流结构，降低财务风险。

表 4-7 主机厂是否担保分析

类型	数量/个	百分比/%	有效百分比/%	累计百分比/%
无担保	4 568	37.3	37.3	37.3
担保	7 670	62.7	62.7	100.0
总计	12 238	100.0	100.0	

4.3.6　融资租赁期限分析

根据我国法律的相关规定，一般而言经营性租赁的租期不超过 1 年。《中华人民共和国合同法》规定："租赁期限不得超过二十年。超过二十年的，超过部分无效。"融资租赁的租期是和设备的使用年限密切相关的，原则上和物件的使用寿命(折旧年限)相同，对于国家鼓励的特殊项目租期最短为 3 年。随着创新租赁的发展，经营性租赁超过 3 年的物品有可能转换成融资租赁方式。因此，在签订租赁合同时要注意承租人的意愿，选择不同的租赁方式。我国的投融资体制正在改革，折旧期限和规则将要发生改变，今后有可能由企业自己选择折旧方式，加速折旧实际上就缩短了租赁的期限。考虑到商用车的生产属性和使用期间的折旧以及残值，一般融资租赁期限为 3 年以内，特别长的可以延长到 4 年。从表 4-8 中可以看出，B 公司融资租赁期限是 2 年的有 7 257 个合同，占比 59.3%，融资租赁期限为 3 年的有 3 899 个合同，占比 31.9%，二者合计占比 91.2%。还可以看出，B 公司融资租赁期限最短的有 6 个月，最长的有 48 个月。融资期限越长，对于 B 公司的应收账款管理风险越高，对于 B 公司融资租赁期限在 1 年以内的累计占比 0.8%，融资租赁期限在 2 年以内的累计占比 62.2%，3 年以内的累计占比 99.5%，有 0.5%的合同融资期限超过了 3 年。

表 4-8　融资期限分析

期限/月	数量/个	百分比/%	有效百分比/%	累计百分比/%
6	9	0.0	0.0	0.1
9	2	0.0	0.0	0.1
12	92	0.8	0.8	0.8
14	1	0.0	0.0	0.8
15	4	0.0	0.0	0.9
16	1	0.0	0.0	0.9
18	234	1.9	1.9	2.8
20	4	0.0	0.0	2.8
21	10	0.1	0.1	2.9
23	2	0.0	0.0	2.9

表 4-8(续)

期限/月	数量/个	百分比/%	有效百分比/%	累计百分比/%
24	7 257	59.3	59.3	62.2
25	2	0.0	0.0	62.2
26	1	0.0	0.0	62.3
27	9	0.1	0.1	62.3
30	622	5.1	5.1	67.4
33	25	0.2	0.2	67.6
35	1	0.0	0.0	67.6
36	3 899	31.9	31.9	99.5
37	3	0.0	0.0	99.5
39	9	0.1	0.1	99.6
48	51	0.4	0.4	100.0
总计	12 238	100.0	100.0	

注:由于取小数点后一位小数及个别合同数量较小的原因,出现表中百分比为 0 的情况。

4.3.7 融资租赁逾期原因分析

商用车租金逾期原因主要从两方面入手,一是从客户方面入手调查,主要对客户进行资信调查,目的是通过调查掌握客户资信真实情况,分析客户的支付能力及信用状况,准确判断客户逾期支付租金的原因,为下一步催收工作应采取什么措施提供信息支持。催收阶段的资信调查应重点调查客户现阶段的生产经营能力、财务状况、信用状况。二是从项目操作入手调查,主要调查项目办理过程是否有失误,如合同存在漏洞;工作人员在租金催收过程中的问题,如忘记按期向承租人催收租金。

通过调查分析,融资租赁公司可以对客户逾期支付租金的原因作出判断,一般来说租金逾期主要有以下原因。

(1) 客户经营出现暂时性困难。比如由于气候环境、疫情等灾害导致的暂时性经营困难。B 公司商用车有相当一部分是销往东北、内蒙古、新疆、甘肃等地区,这些地方冬季比较长,气温比较冷,不适合外出活动,这段时间俗称“冬歇期”。此外，新冠疫情的暴发也影响租金的正常回收。这种情况下，融资租赁公司可以考虑是否给予客户延期付款期限、重新修改债务条款等。

(2) 客户经营出现困难，资产负债率高，前景较差。在判断客户无力支付租金的情况下，融资租赁公司可以考虑尽早采取法律措施，及时止损。

(3) 合同存在漏洞。如果客户发现合同漏洞，可能利用合同漏洞，即使其违约也不会承担责任或承担责任小。如合同中约定租金逾期支付的违约金额较少或者融资租赁合同不成立等情况，在这种情况下，融资租赁公司应寻求弥补合同漏洞的方法，及时采取修改合同等措施。

(4) 客户故意欺诈。如果事后发现客户欺诈，事后方知上当受骗，在这种情况下，融资租赁公司应想办法取得客户欺诈的证据，并及时报警。

(5) 催收工作人员或客户方工作失误。如催收人员忘记催收租金、客户方忘记按期支付租金。融资租赁公司通过改善租金催收工作流程，尽量避免出现此类失误。

从表 4-9 中可以看出，B 公司融资租赁业务中，共有 2 186 个逾期合同，其中因为气候环境导致的合同逾期最多，共有 1 428 个合同，其次是由于合同漏洞导致的逾期合同共有 410 个，由于疫情原因导致的逾期合同有 104 个，客户欺诈导致的逾期合同有 92 个。

表 4-9　逾期说明

类型	数量/个	百分比/%	有效百分比/%	累计百分比/%
客户欺诈	92	4.2	4.2	4.2
气候环境	1 428	65.3	65.3	69.5
合同漏洞	410	18.8	18.8	88.3
疫情原因	104	4.8	4.8	93.1
其他	152	6.9	6.9	100.0
总计	2 186	100.0	100.0	

4.3.8　GPS 安装分析

GPS，全球定位系统(Global Positioning System)，是一种以人造地球卫星为基础的高精度无线电导航的定位系统，它在全球任何地方以及近地空间都能够提供准确的地理位置、车行速度及精确的时间信息。GPS 自问世以来，就以其高精度、全天候、全球覆盖、方便灵活吸引了众多用户。GPS 不仅是汽车的守护神，同时也是物流行业管理的智多星。随着物流业的快速发展，GPS 有着举足轻重的作用，成为继汽车市场后的第二大主要消费群体。商用车安装 GPS，可以利用 GPS 来导航，驾驶人员将目的地输入到汽车的导航仪中，GPS 系统会根据内置的电子地图，计算出行程，规划合适的路线，在汽车行驶的过程中，可以通过语音和图像实时辅助驾驶人员驾驶。GPS 也可以对汽车进行定位监控，可以查询汽车的实时位置，可以帮助找回被偷的汽车，也可以帮助法院等有关单位监控汽车的动向。GPS 管理平台，会收集所有汽车的定位信息，然后统一处理，并且发送给需要的人、单位或者平台，达到了信息共享的合作目的。B 公司在商用车安装 GPS 方面并不是覆盖全部，尤其是在 2018 年之前，销售的车辆几乎没有安装 GPS，从 2019 年开始，随着 B 公司商用车销售数量的激增，安装 GPS 已经成为常态。B 公司商用车是否安装 GPS 情况见表 4-10。

表 4-10　是否安装 GPS 分析

类型	数量/台	百分比/%	有效百分比/%	累计百分比/%
有	6 173	50.4	50.4	50.4
无	6 065	49.6	49.6	100.0
总计	12 238	100.0	100.0	

4.4　相关性检验

从主要变量的相关性统计可以看出，主机厂是否担保、融资期限与逾期金额比例在 1%的水平上呈显著正相关关系，这在一定程度上可以说明融资期限越长，越有可能发生逾期，逾期金额比例越高，融资租赁业务主机厂担保，加剧了主机厂的财务风险，主机厂担保意愿越强，客户逾期比例越高。是否安装 GPS、风控评审条件、承租人诚信状况、经销商实力与逾期金额比例在 1%水平上呈显著正相关关系，说明安装 GPS 可以降低客户的逾期率，风控评审越严格，承租人诚信状况越好，经销商实力越强，客户逾期金额比例越低。此外，市场化程度、首付比例、保证金比例与逾期金额比例在 1%的水平上显著负相关，表明市场化程度、首付比例、保证金比例越高，客户逾期金额比例越低。（表 4-11、表 4-12）

表 4-11　逾期金额比例与相关因素的 Pearson 检验(1)

项目	逾期金额比例	主机厂是否担保	融资期限	是否GPS	风控评审	承租人诚信状况	经销商实力	市场化程度	首付比例	保证金比例
逾期金额比例	1									
主机厂是否担保	0.222 **	1								
	0									
融资期限	0.140 **	0.076 **	1							
	0	0								
是否GPS	0.219 **	0.012	−0.020 *	1						
	0	0.193	0.029							
风控评审	0.825 **	0.186 **	0.154 **	0.104 **	1					
	0	0	0	0						
承租人诚信状况	0.725 **	0.183 **	0.145 **	0.094 **	0.874 **	1				
	0	0	0	0	0					
经销商实力	0.286 **	0.083 **	0.135 **	−0.062 **	0.576 **	0.514 **	1			
	0	0	0	0	0	0				
市场化程度	−0.007	−0.075 **	0.024 **	−0.004	−0.024 **	−0.032 **	−0.056 **	1		
	0.433	0	0.008	0.692	0.008	0	0			
首付比例	−0.159 **	−0.032 **	−0.224 **	−0.056 **	−0.154 **	−0.139 **	−0.109 **	0.029 **	1	
	0	0	0	0	0	0	0	0.001		
保证金比例	−0.015	−0.024 **	−0.048 **	0.042 **	−0.002	−0.002	−0.011	0.041 **	−0.077 **	1
	0.106	0.009	0	0	0.831	0.860	0.222	0	0	

注：* * 表示在 0.01 级别(双尾)，相关性显著。* 表示在 0.05 级别(双尾)，相关性显著。

从表 4-11 中可以看出，逾期合同管理的责任主体与逾期金额比例在 1%的水平上呈显著负相关关系。B 公司要求逾期期限在 1 个月以内的由金融客服催收，超过 1 个月以上的逾期合同由法务人员催收，可见，法务负责的逾期合同逾期金额较大。从车辆模式来看，车辆模式与逾期金额比例在 1%的水平上呈显著负相关关系，说明矿卡和搅拌车的逾期率要高于其他车型；车辆是否上牌这个指标与逾期比例在 1%的水平上呈显著负相关关系，也说明矿卡的逾期率要高于其他车型。放款年份与逾期比例在 1%的水平上呈显著负相关关系，说明 B 公司前期融资租赁业务的逾期率较大，随着技术和逾期管理水平的提升，企业的逾期率呈下降趋势。

表 4-12　逾期金额比例与相关因素的 Pearson 检验(2)

项目	逾期金额比例	责任主体	销售模式	是否上牌	车辆类型	放款年份
逾期金额比例	1					
责任主体	−0.658**	1				
	0					
销售模式	0.014	0.012	1			
	0.131	0.178				
是否上牌	−0.051**	0.172**	0.443**	1		
	0	0	0			
车辆类型	−0.048**	0.135**	0.290**	0.565**	1	
	0	0	0	0		
放款年份	−0.030**	0.068**	0.156**	0.336**	0.155**	1
	0.001	0	0	0	0	

注：** 表示在 0.01 级别(双尾)，相关性显著。* 表示在 0.05 级别(双尾)，相关性显著。

4.5　整体样本的回归结果分析

考虑到模型中可能存在的多重共线性问题，为了对模型中的多重共线性问题进行修正，本研究选择 SPSS 提供的向后剔除法(backward)来建立多元统计回归模型，从理论的角度来选择一个最优的多元线性回归模型。

如表 4-13 所示，模型 1 是考察逾期责任主体、是否担保、融资期限、是否 GPS、首付比例、保证金比例等 15 个指标对融资租赁逾期金额比例的回归结果，模型 2 是考察逾期责任主体、是否担保、融资期限、是否 GPS、首付比例、保证金比例等 15 个指标对融资租赁逾期月份比例的回归结果。从拟合效果看，模型 1 至模型 2 修正后的 R^2 都达到了 76%以上，且经过向后剔除法之后的优化模型 R^2 都有明显的提高，模型整体拟合性较好。

表 4-13　解释变量的回归结果

	变量	模型 1	变量	模型 2
没有考虑多重共线性的 OLS 回归结果	责任主体	−0.226*** (−31.158)	责任主体	−0.233*** (−31.936)
	主机厂是否担保	0.070*** (14.917)	主机厂是否担保	0.072*** (15.208)
	销售模式	0.011** (2.243)	销售模式	0.009* (1.782)
	销售区域	−0.015*** (−3.241)	销售区域	−0.017*** (−3.542)
	是否上牌	−0.013*** (−2.050)	是否上牌	−0.015** (−2.501)
	车辆类型	−0.003 (−0.645)	车辆类型	−0.007 (−1.368)
	融资期限	0.025*** (5.263)	融资期限	0.015*** (3.155)
	放款年份	−0.003 (−0.641)	放款年份	−0.008 (−1.522)
	是否 GPS	0.101*** (21.491)	是否 GPS	0.100*** (21.131)
	首付比例	−0.018*** (−3.973)	首付比例	0.016*** (3.497)
	保证金比例	−0.025*** (−5.818)	保证金比例	−0.025*** (−5.766)
	风控评审	0.797*** (77.916)	风控评审	0.792*** (76.810)
	承租人诚信状况	0.016 (1.847)	承租人诚信状况	0.011 (1.214)
	经销商实力	−0.320*** (−55.351)	经销商实力	−0.297*** (−50.963)
	市场化程度	0.029*** (6.334)	市场化程度	0.030*** (6.442)

表 4-13(续)

	变量	模型 1	变量	模型 2
经过向后剔除法后第二步 OLS 回归结果	责任主体	−0.226*** (−31.661)	责任主体	−0.233*** (−31.968)
	主机厂是否担保	0.069*** (15.477)	主机厂是否担保	0.072*** (15.235)
	销售模式	0.011** (2.233)	销售模式	0.009* (1.760)
	销售区域	−0.015*** (−3.251)	销售区域	−0.017*** (−3.557)
	是否上牌	−0.013*** (−2.265)	是否上牌	−0.016** (−2.540)
	车辆类型	−0.003 (−0.626)	车辆类型	−0.007 (−1.327)
	融资期限	0.024*** (5.238)	融资期限	0.015*** (3.163)
	是否 GPS	0.102*** (23.080)	放款年份	−0.008 (−1.445)
	首付比例	−0.018*** (−3.991)	是否 GPS	0.101*** (21.181)
	保证金比例	−0.025*** (−5.789)	首付比例	0.016*** (3.491)
	风控评审	0.797*** (77.930)	保证金比例	−0.025*** (−5.755)
	承租人诚信状况	0.016* (1.809)	风控评审	0.802*** (115.864)
	经销商实力	−0.320*** (−56.142)	经销商实力	−0.297*** (−50.951)
	市场化程度	0.029*** (6.344)	市场化程度	0.030*** (6.422)

表 4-13(续)

	变量	模型 1	变量	模型 2
经过向后剔除法后第三步 OLS 回归结果	责任主体	−0.226*** (−31.669)	责任主体	−0.235*** (−32.614)
	主机厂是否担保	0.069*** (15.481)	主机厂是否担保	0.070*** (15.563)
	销售模式	0.011** (2.198)	销售模式	0.008* (1.662)
	销售区域	−0.015*** (−3.271)	销售区域	−0.017*** (−3.617)
	是否上牌	−0.015*** (−2.929)	是否上牌	−0.022*** (−4.087)
	融资期限	0.024*** (5.268)	融资期限	0.014*** (2.990)
	是否 GPS	0.102*** (23.076)	是否 GPS	0.103*** (22.991)
	首付比例	−0.018*** (−4.088)	首付比例	0.015*** (3.330)
	保证金比例	−0.025*** (−5.761)	保证金比例	−0.025*** (−5.601)
	风控评审	0.798*** (77.964)	风控评审	0.801*** (115.956)
	承租人诚信状况	0.016* (1.790)		
	经销商实力	−0.320*** (−56.141)	经销商实力	−0.298*** (−51.814)
	市场化程度	0.029*** (6.314)	市场化程度	0.030*** (6.345)
	调整后的 R^2	0.773	调整后的 R^2	0.769
	F	3199.407***	F	3393.573***
	因变量:逾期金额比例		因变量:逾期月份比例	

注:上行数据为样本回归系数值,下行为 t 值,***、**、* 分别表示在 0.01、0.05 和 0.10 水平(双侧)上显著相关。

(1) 责任主体变量的回归结果

从模型 1、模型 2 的结果可以看出,“责任主体”变量的系数符号为负,并在 1%的水平上统计显著,这说明法务部分管理的逾期相对于金融部门要严重得多。B公司规定，金融部门负责逾期1期、法务负责2期及以上，随着逾期时间的延长，逾期金额和逾期月份肯定会增加。可见，金融部门是有效管理逾期的第一屏障，要用尽办法包括但不限于电话催收、上门催收等，将逾期金额控制在较短期限内解决。

（2）主机厂是否担保变量的回归结果

模型1和模型2中主机厂是否担保变量与因变量在1%的水平上显著正相关，说明主机厂担保意愿越高，客户逾期程度越高，之前的假设得到了验证。主机厂担保一方面促进销售业务提升，但同时也带来了逾期风险。随着B公司商用车品牌知名度的提高，应该主动降低主机厂担保行为，按照金融市场的一般规律，引入第三方采用免担保业务，降低金融风险。

（3）销售模式变量的回归结果

销售模式变量的回归系数在模型1和模型2中与因变量在5%和10%的水平上显著正相关，说明直销模式产生的逾期要小于经销模式，之前的假设没有得到验证。这在一定程度上说明B公司有待进一步加强经销渠道的管理，加大经销商准入的门槛条件，做大做优经销商体系。经销商实力变量的回归系数在模型1和模型2中与解释变量在1%的水平上显著负相关，说明经销商实力越强，金融逾期越小，进而进一步支撑了前面的实证结果和原因解释。B公司加强经销商的规模、实力建设刻不容缓。

（4）销售区域变量的回归结果

模型1和模型2中，销售区域变量与逾期金额比例在1%的水平上显著负相关，与逾期月份比例在1%的水平上显著负相关。这说明销售区域影响金融逾期，区域经济状况好的地方，金融逾期就小，区域经济状况不好的地方，金融逾期就差，验证了前面的假设。一般而言，经济好的地方市场化程度也高，模型1和模型2中市场化程度变量与因变量在1%的水平上显著正相关，说明市场化程度越高，金融逾期越低。

（5）车辆类型、是否上牌变量的回归结果

模型1和模型2中车辆类型、是否上牌变量回归的符号均为负，但显著性不同，是否上牌变量与因变量在1%的水平上显著负相关，但车辆类型与因变量显著性不强，这在一定程度上可以说明，车牌车辆比不上牌车辆受到的约束性强，车牌车辆客户的金融逾期率要低于非上牌车辆客户。从车辆类型看，矿车和搅拌车的金融逾期率要高于牵引车、载货等其他车辆类型。矿车是由于不需要上牌的缘故逾期率高，搅拌车则是由于与所依赖的工作场景有关。搅拌车广泛应用于工程建设，其所处行业属于投资拉动行业，基础设施建设和房地产开发是其核心下游。随着我国经济进入房地产调结构的关键周期,基础设施和房地产投资被国家严格宏观调控,从近年各地公布的投资计划可以看出,基础建设和房地产投资力度处于下行趋势,重点项目转而以智能制造、新能源汽车两大板块推进。搅拌车的工作场景密切影响了客户的经济业务和资金回笼,进而导致在金融逾期上出现中断、续贷、延期或终止等状况。

(6) 融资期限、GPS、风控评审变量的回归结果

模型 1 和模型 2 中,融资期限、GPS、风控评审变量与因变量在 1% 的水平上显著正相关,说明融资期限越长,车辆不有效安装 GPS 以及风控评审条件不严格,则金融逾期金额越高,导致的逾期时间越长。融资期限越长,客户还款的主客观风险越大,车辆安装 GPS,可以第一时间向主机厂提供车辆的位置、运行状况以及车辆每天运行的有效时长,能真实反映客户的经济业务质量,运行时间越长,业务质量越高,现金流回款也就越好,金融逾期率越低。严格的风控评审条件可以有效防止因为评审不当而导致金融逾期的发生。

(7) 首付比例、保证金比例变量的回归结果

模型 1 和模型 2 中,首付比例、保证金比例变量与因变量在 1% 的水平上显著负相关,说明首付比例越高,金融逾期率越低,保证金比例越高,金融逾期率越低。客户办理融资租赁业务时,缴纳的首付比例越高,后期承担的租金就越少,产生的逾期风险就越小。保证金是客户在办理融资租赁业务时对主机厂的一种承诺,保证金比例越高,客户的承诺越有效,之后的金融逾期风险也就越小。这验证了之前的假设。

从其他变量的回归结果来看,承租人诚信状况与逾期金额比例在 10% 的水平上显著正相关,但与逾期月份比例的显著性效果不明显,一定程度上说明承租人诚信状况也会影响逾期金额比例,承租人诚信状况越好,逾期金额比例越低。放款年份变量与因变量的回归符号为负,但显著性水平不高,表明 B 公司在一定程度上加强了对融资租赁金融逾期的管理,技术水平不断提高,金融逾期率有所下降,但不明显。

此外,从回归系数大小看,风控评审条件、经销商实力和责任主体的回归系数相对较大,分别是 0.798、0.320 和 0.226,根据回归模型的回归结果来看,一般而言,回归系数越大,说明解释变量影响越大,效果越强。B 公司在金融逾期管理方面手段和方法不少,但更重要的是应加大风控评审条件的审核,加强责任主体的网格化管理和做大做强经销商的实力建设。

4.6 稳健性检验

考虑到回归结果的普适性，我们增加了模型的稳健性检验。在前面的回归模型中所使用的被解释变量是融资租赁逾期水平，我们加入控制变量，在只考虑矿卡、搅拌车时考察逾期责任主体、是否担保、融资期限、是否 GPS、首付比例、保证金比例等变量对融资租赁逾期的影响。模型 1 在只考虑矿卡、搅拌车时检验影响变量对融资租赁逾期金额比例的影响，模型 2 在只考虑矿卡、搅拌车时检验影响变量对融资租赁逾期月份比例的影响，模型回归的结果见表 4-14。模型的回归结果与上述的回归结果没有显著差异，进一步验证了我们的假设。所不同的是，除了风控评审条件、经销商实力和责任主体的回归系数相对较大外，主机厂是否担保和是否 GPS 的影响也不容小觑。可见，不同车辆的逾期管理既有共性也有差别，B 公司在以后的逾期管理上要分门别类，有所差异化地进行金融逾期管理。加入控制变量的稳健性检验结果见表 4-14。

表 4-14　加入控制变量的稳健性检验结果

	变量	模型 1	变量	模型 2
没有考虑多重共线性的 OLS 回归结果	责任主体	−0.171*** (−9.878)	责任主体	−0.167*** (−9.594)
	主机厂是否担保	0.122*** (9.469)	主机厂是否担保	0.122*** (9.342)
	销售模式	0.011 (0.738)	销售模式	0.006 (0.401)
	销售区域	−0.013 (1.002)	销售区域	−0.002 (0.185)
	是否上牌	−0.019 (−1.123)	是否上牌	−0.034** (−2.017)
	融资期限	0.034** (−2.169)	融资期限	0.045*** (−2.830)
	是否 GPS	0.154*** (12.317)	是否 GPS	0.161*** (12.717)

表 4-14(续)

	变量	模型 1	变量	模型 2
没有考虑多重共线性的 OLS 回归结果	首付比例	−0.071 *** (−5.239)	首付比例	−0.034 ** (−2.484)
	保证金比例	−0.033 *** (−2.624)	保证金比例	−0.020 (−1.567)
	风控评审	0.753 *** (33.758)	风控评审	0.747 *** (33.200)
	承租人诚信状况	0.009 (0.444)	承租人诚信状况	0.012 (0.570)
	经销商实力	−0.305 *** (−21.779)	经销商实力	−0.279 *** (−19.807)
	市场化程度	0.055 *** (4.298)	市场化程度	0.057 *** (4.410)
经过向后剔除法后第二步 OLS 回归结果	责任主体	−0.171 *** (−9.881)	责任主体	−0.168 *** (−9.790)
	主机厂是否担保	.122 *** (9.469)	主机厂是否担保	0.121 *** (9.347)
	销售模式	0.010 (0.725)	销售模式	0.005 (0.370)
	销售区域	0.013 (0.990)	是否上牌	−0.035 * (−2.058)
	是否上牌	−0.019 (−1.154)	融资期限	−0.045 *** (−2.850)
	融资期限	−0.034 ** (−2.146)	是否 GPS	0.161 *** (12.826)
	是否 GPS	0.154 *** (12.314)	首付比例	−0.034 ** (−2.509)
	首付比例	−0.070 *** (−5.223)	保证金比例	−0.020 (−1.571)
	保证金比例	−0.033 *** (−2.616)	风控评审	0.747 *** (33.241)

表 4-14(续)

	变量	模型 1	变量	模型 2
经过向后剔除法后第二步 OLS 回归结果	风控评审	0.760*** (47.801)	承租人诚信状况	0.012 (0.565)
	经销商实力	−0.304*** (−21.961)	经销商实力	−0.279*** (−19.813)
	市场化程度	0.055*** (4.277)	市场化程度	0.058*** (4.456)
经过向后剔除法后第三步 OLS 回归结果	责任主体	−0.173*** (−10.177)	责任主体	−0.169*** (−9.954)
	主机厂是否担保	0.123*** (9.674)	主机厂是否担保	0.122*** (9.528)
	销售区域	0.011 (0.855)	是否上牌	−0.032** (−2.134)
	是否上牌	−0.014 (−0.933)	融资期限	−0.046*** (−3.042)
	融资期限	−0.036*** (−2.422)	是否 GPS	0.161*** (12.841)
	是否 GPS	0.154*** (12.294)	首付比例	−0.034** (−2.513)
	首付比例	−0.071*** (−5.246)	保证金比例	−0.020 (−1.544)
	保证金比例	−0.032*** (−2.563)	风控评审	0.746*** (33.268)
	风控评审	0.759*** (48.011)	承租人诚信状况	0.011 (0.556)
	经销商实力	−0.304*** (−22.061)	经销商实力	−0.280*** (−19.880)
	市场化程度	0.054*** (4.242)	市场化程度	0.057*** (4.442)

表 4-14(续)

	变量	模型 1	变量	模型 2
经过向后剔除法后第四步 OLS 回归结果	责任主体	−0.175*** (−10.419)	责任主体	−0.169*** (−9.952)
	主机厂是否担保	0.123*** (9.637)	主机厂是否担保	0.122*** (9.525)
	是否上牌	−0.017 (−1.181)	是否上牌	−0.032** (−2.188)
	融资期限	−0.037** (−2.436)	融资期限	−0.046*** (−3.010)
	是否 GPS	0.155*** (12.511)	是否 GPS	0.160*** (12.835)
	首付比例	−0.072*** (−5.333)	首付比例	−0.034** (−2.484)
	保证金比例	−0.033*** (−2.600)	保证金比例	−0.019 (−1.534)
	风控评审	0.758*** (48.088)	风控评审	0.755*** (47.533)
	经销商实力	−0.304*** (−22.057)	经销商实力	−0.278*** (−20.027)
	市场化程度	0.056*** (4.383)	市场化程度	0.057*** (4.413)
经过向后剔除法后第五步 OLS 回归结果	责任主体	−0.181*** (−11.361)	责任主体	−0.168*** (−9.928)
	主机厂是否担保	0.120*** (9.593)	主机厂是否担保	0.123*** (9.614)
	融资期限	−0.044*** (−3.140)	是否上牌	0−0.035** (−2.361)
	是否 GPS	0.155*** (12.489)	融资期限	−0.045*** (−2.978)
	首付比例	−0.074*** (−5.541)	是否 GPS	0.163*** (13.146)
	保证金比例	−0.034*** (−2.738)	首付比例	−0.028** (−2.165)
	风控评审	0.756*** (48.185)	风控评审	0.758*** (47.924)
	经销商实力	−0.307*** (−22.745)	经销商实力	−0.279*** (−20.098)
	市场化程度	0.057*** (4.532)	市场化程度	0.058*** (4.578)
	调整的 R^2	0.764	调整的 R^2	0.760

表 4-14(续)

	变量	模型 1	变量	模型 2
	F	615.807	F	602.670
	因变量:逾期金额比例		因变量:逾期月份比例	
	仅选择 车辆类型 矿车和搅拌车的个案			

注:上行数据为样本回归系数值,下行为 t 值,＊＊＊、＊＊、＊表示在 0.01、0.05 和 0.10 水平(双侧)上显著相关。

第5章

基于商用车融资租赁风险管理的研究：以徐工汽车为例

近年来,随着国内商用车市场竞争加剧,商用车销售模式和商务政策也发生巨大变化。许多国内厂商,开始探索融资租赁业务的可行性并引入融资租赁的销售模式。本章以徐州徐工汽车制造有限公司(以下简称"徐工汽车")为例,研究探讨商用车领域融资租赁的风险管理。

5.1　徐工汽车概况

徐工汽车是支撑徐工集团国际化、世界级"珠峰登顶"战略发展的核心支柱产业之一,2008 年通过徐工集团战略并购南京春兰汽车制造有限公司成立,拥有国内智能化程度最高、规模最大的现代化重卡制造单体工厂,是江苏省唯一国有自主品牌、唯一同时拥有传统燃料及新能源双资质的重卡产业。徐工汽车具备年产 6 万辆重卡和 8 万台驾驶室的生产能力,全系推出牵引车、载货车、自卸车、搅拌车、专用车、非公路车辆、新能源汽车七大产品平台,产品线涵盖燃油、燃气、电动、氢燃料四大动力类型,覆盖公路物流、建筑工程、市政环卫、矿山施工等使用场景,产品齐全度行业领先。

自成立以来,徐工汽车每年以不低于 30%的规模增长,2020 年营业收入迈上百亿元台阶,稳居行业前九。企业被认定为江苏省高新技术企业,拥有江苏省企业技术中心、商用车辆工程技术中心研究中心、工业设计中心,荣获徐州市市长质量奖、江苏省五一劳动奖状、国家管理创新成果一等奖、2020 中国公益创新奖等奖项,荣登中国工业影响力百强榜单。

2020 年,徐工汽车整体营业收入突破 100 亿大关,实现历史性飞跃,也因此,徐工商用车板块被列为徐工集团除了工程机械之外的另一重大战略板块。

当前，徐工汽车被江苏省国资委列为八家科改示范企业之一，公司力争“十四五”末实现营业收入超300亿元。尽管如此，徐工汽车融资租赁业务正面临着整个行业的竞争。据中国汽车工业协会统计分析，2020年徐工汽车国内商用车市场销量占有率稳居前九，其中商用车销量排名前六的企业依次为：上汽、东风、北汽、长安、一汽、重汽，其中，上汽、东风、北汽销量市场份额分别为14.2%、14.1%、13.3%。由此可见，头部企业占据商用车销量市场绝大部分份额，商用车市场集中度较高。徐工汽车排名第九，但市场占有率不到2%。公司在此竞争环境下，若要寻求有效的市场突破，首先最为重要的是要对自身有一个客观的SWOT分析评价，才能有的放矢积极应对挑战。

5.2 徐工汽车融资租赁业务SWOT分析

5.2.1 优势

5.2.1.1 企业声望和品牌优势

徐工汽车是国内智能化程度最高、规模最大的现代化重卡制造单体工厂，是江苏省唯一国有自主品牌、唯一同时拥有传统燃料及新能源双资质的重卡产业，在国内具有较强的影响力，产品几乎覆盖了整个轻中重商用车领域。公司致力于打造中重卡主流品牌，成为商用车行业主要竞争者和效益领先者。徐工汽车拥有国内首个工程类车辆综合实验场、国内最大商用车测试半消声室、整车环境实验舱、商用车性能实验平台、智能控制实验平台、新能源产品实验平台等，被认定为省级企业技术中心、商用车辆工程技术中心研究中心、工业设计中心。全系推出牵引车、载货车、自卸车、搅拌车、专用车、非公路车辆、新能源汽车七大产品平台，涵盖燃油、燃气、电动、氢燃料四大动力类型，覆盖公路物流、建筑工程、市政环卫、矿山施工等使用场景，具有高中低并举的产品群及行业独一无二的上下装一体化的产品链优势，产品齐全度行业领先，出口产品同步欧标。

2015年，历时三年打造的欧系重卡“HANVAN 漢風”面世，G9、G7牵引车和G5载货车同获“2017中国商用车年度风云大奖”。汉风G7获环塔拉力赛获

T4 组冠军，作为江苏省彩车底盘献礼新中国成立 70 周年，成为央视财经全球首台“5G 融媒体制播车”。2021 年，历经三年研发的新一代汉风 P 系列全球荣耀发布，该系列采用全新设计语言，安全与经济性领先、舒适度与智能化程度全面升级，比肩欧系产品，上市发布会即收获订单 1957 台。P9、P7、P5 三大系列涵盖干线物流、中短途物流、城市配送、工程自卸、专用车等多个细分领域。非公路产品位列行业前三，首台五轴“全油气悬架”全地形自卸车、首台油气悬架无人驾驶宽体自卸车引领行业发展。新能源产品实现资质全覆盖，2018 年实现国内外首销并出口发达国家，纯电动渣土车斩获行业第一大单。2020 年，徐工汽车启动全国首个城市新能源渣土车换电运营示范项目，获评“年度最佳换电重卡品牌”。品牌影响力是公司开展租赁业务强有力保证。

5.2.1.2　完善的营销网络

建立驻外中心主战、各平台主建、营销公司抓总的管控模式，遵循市场营销“二八原则”，聚焦优势产品、优势资源、构建电商平台、推广全生命周期服务。目前，徐工汽车拥有 300 余家经销商、1 200 余家服务站、300 余家国内配件中心，地级市覆盖率 100%，服务半径缩短至 60 km，形成 1 分钟响应，1 小时到达，1 天内修复的高效服务响应体系。依托集团国际化战略，徐工汽车全力推动全球布局，坚定不移地朝着“世界徐工、国际汉风”的目标迈进，已在大洋洲、美洲、非洲、东南亚、中西亚等市场取得突破，产品出口 90 余个国家和地区。针对海外特殊需求，徐工汽车提供定制款亚洲之星、非洲之星、森工系列等，备受市场肯定；尼日利亚 KD 工厂投入建设，设计年产量 4 000 台，将大幅提高非洲市场的反应速度与辐射范围；马来西亚非公路与公路牵引车保有量双破千台，规模化效应初显，纯电动物流车、矿用自卸车、纯电动洒水车等出口至发达国家。

5.2.1.3　技术优势

徐工汽车技术中心前身为徐工集团南京研究院，主要负责汽车产品及其相关核心零部件的研发、技术研究、技术支持、产品试制试验等技术研发工作。徐工汽车智能网联实验室自 2018 年成立以来，一直致力于商用车前沿智能化技术的研究和测试工作，已发展成为具有网络、功能、诊断测试为一体，单节点和多系统测试相结合的专业科室。目前测试设备包含如下：Vectore 硬件在环功能测试机柜（HIL）一台，Vectore 网络自动化机柜一台，黄板车测试台架（LabCar）一台，VectoreCANoe 一套，泰克 CAN Scope 示波器一台，泰克电流钳一套，

DELTA 程控电源一台，信号发生器一台，LCR 数字电桥一台、BOB 故障注入盒两台、各类万用表若干。徐工汽车荣获徐州市市长质量奖、江苏省五一劳动奖状、国家管理创新成果一等奖、2020 中国公益创新奖等奖项，荣登中国工业影响力百强榜单。

5.2.1.4 先进的企业运营和管理模式

徐工汽车拥有国内先进的制造设备，构成完整的冲压、焊装、涂装、总装、检验等制造工艺流程，实施数字化、信息化、智能化“三化合一”的企业运营和管理模式，代表了国家高端装备制造转型的方向。

(1) 智能冲压：全自动冲压线。冲压分厂承担车身大中型覆盖件的冲压成型生产任务，主要从事漢風高、低顶，漢風平地板，T 系列，新、老起重机，机棚和操纵室等钣金件的生产，是重卡的首道工艺；冲压分厂有三条全自动化冲压生产线，搬运及拆垛机器人均选用世界领先的瑞士 ABB 机器人和德国库卡机器人，设备总价约 1.5 亿元，全线不需要人工操作，上料过程皆有上料小车、拆垛机器人、自动涂油机、自动光学对中台完成。

(2) 智能焊装：高精度焊接机器人。漢風驾驶室主焊线采用 PLC 控制往复杆生产线，可实现多种车型柔性生产，关键焊接工位采用瑞士 ABB 与德国库卡焊接机器人进行点焊；OTC 弧焊机器人进行弧焊作业，保证焊接的高质量与高精度。

(3) 智能涂装：阴极电泳＋机器人自动喷涂。中涂、面漆采用瑞士进口 ABB 悬挂式喷涂机器人，配备高性能静电雾化旋杯，涂装效果与质量比肩轿车水平；配合智能供漆系统实现中、面漆全自动喷涂，喷漆质量稳定、保证产品一致性，检验合格率达 99.8%以上。

(4) 智能总装：联网数控技术＋U 形滑板装配线。1 条 46 工位 U 形滑板内饰线与 1 条 48 工位 U 形地拖链底盘线，目前这两条线长度均在国内处于领先地位。借鉴轿车装配理念，仪表板、车门实现模块化装配，设置专门装配线；仪表台、轮胎、座椅等质量大的部件均由自动机械手完成装配。

5.2.2 劣势

5.2.2.1 集团的协同化、一体化战略不够清晰

徐工集团工程机械板块是第一板块，尽管汽车也是徐工集团的重要战略发

展板块,但在集团内部的协调性、统一性、互补性方面还存在差距,在一定程度上限制了公司业务的发展。从全球产业板块发展来看,尽管商用车板块的市场容量和发展潜力远远超出工程机械板块,但徐工集团起步于工程机械,发达于工程机械,且在全球工程机械领域取得了很好的成绩。国内市场上,商用车领域竞争激烈,解放、东风等一线品牌市场占有率较高,徐工汽车面临的市场开拓、品牌推广以及后发优势不足等严重影响了公司的快速发展。当前徐工集团工程机械板块整体上市已经获得中国证监会批准,通过资产重组、资源整合,重组上市后的徐工机械将带来新一波的快速发展。徐工汽车在整个徐工集团内部,和其他工程机械板块尚不能有效整合,规模化、一体化、协同化还有待加强,比如搅拌车、矿卡等商用车和工程机械装备的一体化、协同化还有待优化,重卡底盘的集团内部统一化、标准化还有待进一步推进,技术研发中心涉及新能源技术、智能制造技术的协同化还差强如意,徐工汽车科技混改上市的速度还要加快。

5.2.2.2 管理体系不够完善

商用车融资租赁经验不足,徐工融资租赁在工程机械领域应用很多,积累了很多客户,取得了很好的声誉,支持了主业的发展壮大。与工程机械融资租赁行业不同,融资租赁在商用车领域还处于起步阶段,相应的风控建设、内部控制等要求也不一样,人员素质要求也不同,而目前最严重的问题是缺乏商用车融资租赁运作人员与从业经验。此外,风险控制体系也不够健全,随着商用车板块的快速发展和销售规模的不断扩大,越来越多的深层次问题不断暴露,比如法律诉讼队伍、清欠队伍建设跟不上业务发展的要求等问题还时时困扰着企业业务的开展。

5.2.2.3 销售模式急需从1.0向2.0转变

(1) 销售模式1.0:经销商。在主机厂的销售体系中,经销商是绕不开的角色。过去主机厂通过经销商销售模式完成了对市场的布局,是传统销售渠道中的经典模式。重卡市场份额排前的解放、东风、重汽在全国均布局了1 000多家经销商(含服务站)。经销商又分为一级经销商和二级经销商,一级经销商是主机厂授权经销商,二级经销商俗称挂靠单位,一级经销商中约40%的销量由这些挂靠单位来完成。

(2) 销售模式2.0:KA客户。近年来,随着淘宝、京东带动网购消费的爆发,快递业也跟着风生水起。也是在这段时间,三通一达、顺丰、百世等快递企业迅速崛起。随着线上实体零售渗透比例持续上升，快递行业市场件量与收入规模保持双增长，快递公司开始大规模购车。由于经销商不能跨区域销售，再加之经销商之间是独立销售体系，不存在联动关系，无法满足快递企业全国各地上车的需求。主机厂开始设立大客户部，直接对接这些大型快递企业。例如，解放成立大客户部，并于2019年将大客户部从长春迁至上海，只因大型快递企业的总部大都位于上海，前置上海能够更贴近客户、服务客户、洞悉大客户的关注点和痛点。主机厂的销售模式也从1.0来到了2.0时代，在经销商模式的基础上增加车企销售模式1.0到2.0的转变。当前，徐工汽车拥有300余家经销商、1 200余家服务站、300余家国内配件中心，地级市覆盖率100%，服务半径缩短至60 km，形成1分钟响应、1小时到达、1天内修复的高效服务响应体系。尽管如此，但相对于商用车头部企业，徐工汽车的经销渠道和经销商规模不大，有散户倾向，经销商资金筹措能力较弱，不能完全满足开展融资租赁业务的资金需要。此外，在大客户开发方面，徐工汽车还有待加强，销售模式从1.0到2.0的转变思路还不够清晰，路径还不够明确，步子还不够放开。

5.2.2.4 数字化赋能融资租赁力度还不够

发展数字经济是把握新一轮科技革命和产业变革新机遇的战略选择。"十四五"规划纲要对金融数字化转型工作提出了明确部署。在金融行业全面加速数字化转型的当下，科技赋能已成为融资租赁行业发展的重要抓手。越来越多的租赁公司将数字化转型上升为公司发展重要战略，全面加强租赁业务与数字技术的融合力度。在零售业务方面，多家金融租赁公司构建了数字化业务平台。例如，中信金融租赁推出了户用分布式光伏租赁业务系统和零售车辆租赁业务系统，建立集融资性租赁与经营性租赁于一体，涵盖进件、初筛、尽调、审批、签约、记账、清分、监控、租后管理全流程的线上化操作系统。民生金融租赁积极引入新型金融科技技术支持车辆零售和小微设备业务转型和发展，打造统一零售数字化经营平台，实现获客、进件、电子签约的线上化、自动化和智能化风险审批，大幅提升用户体验和业务赋能。与融资租赁头部企业相比，徐工汽车融资租赁的数字化转型已迈出关键性步伐，赋能效果逐步显现。但在数字化发展方面仍存在一些痛点，一是数据复杂性大，服务业态较多，管理复杂度快速上升；二是数据基础差，缺乏统一的数据规范；三是数据应用难，缺少数据分析工具；四是数据管控较弱，数据权限管控体系不完备。从这个方面来看，公司还需要进一步加强数据保护，提升数据应用能力。基于较强的数字化分析能力和可视化建设能力，建设较为完备的风险管理数据应用平台，助力数据资产化落地、数据主体化构建、数据场景化应用，让数据真正成为生产力。在数字化智能风控方面，公司可进一步通过业务数据、人行征信、第三方数据等形成多维大数据模型，搭建专家规则模型和人工智能模型，实现合规准入、反欺诈、信用评分、额度授信、资产预警等在线风险场景的把控落地。

5.2.3 机会

5.2.3.1 市场潜力巨大

汽车租赁行业具有超过百年的历史，最初仅限于欧洲市场。第二次世界大战后，汽车租赁行业进入蓬勃发展时期，市场突破了欧洲的地域限制，在世界范围内均呈现出发展之势。2017 年，全球汽车租赁市场规模超过 1 500 亿美元。从业务形式来看，国外汽车租赁企业已经开拓了相当数量的业务渠道和服务形式。在经营性租赁的基础上，同时开展融资性租赁、二手车销售、车辆保险等多种与之相关的业务。特别是二手车销售成为其重要业务之一，并且通过该业务的开展，有效扩大了自身车辆更新的空间。近几年，美国主要汽车厂商通过融资租赁方式销售汽车数量占其总销量的 30%以上。反观我国市场，虽然我国已经是全球汽车销售第一大国，但是汽车金融市场尚处于发展早期，我国无论是新车还是二手车的汽车金融渗透率均远低于全球的平均水平。

5.2.3.2 融资租赁的模式多样，利润空间较大

汽车融资租赁具有多种业务形式，如售后回租、直接租赁、杠杆租赁、委托租赁、转租赁等，当前的主要业务是售后回租和直接租赁两种模式，当前的汽车融资租赁业务有 80%左右是售后回租。2017 年以来，汽车直接租赁模式正成为越来越多汽车融资租赁公司试水的对象。相比售后回租模式金融利差为主的单一盈利模式，直接租赁模式的利润率更高，利润空间也更大，但直接租赁模式也存在着获客成本和人工成本高等问题，同时考验着各个公司的车源价格优势、仓储物流成本以及资产管理能力。

5.2.3.3 首付低，极大地降低了购车门槛

中国人民银行和中国银行业监督管理委员会 2017 年 11 月发布的《关于调

整汽车贷款有关政策的通知》明确指出，银行或汽车金融公司汽车贷款，乘用车最低首付比例为20%、新能源汽车为15%、二手车为30%。而汽车融资租赁作为非信贷机构，商用车首付比例可降至20%以下，一般多为10%。与传统车贷相比，客户首期一次性支出大大减少，极大地降低了购车门槛。

5.2.3.4 审批手续简单快捷

汽车融资租赁，一般只需要"一证"(驾驶证)或"两证"(驾驶证、身份证)即可申请。目前不少汽车融资租赁平台是线上线下相结合的模式，线上申请通过金融科技手段，形成用户画像，对申请人进行有效评估，一般当天就可以出审批结果。

5.2.4 威胁

5.2.4.1 新冠疫情

新冠疫情的影响，扰乱了全球供应链，冲击了各国经济体系。全球供应链是支撑经济全球化的重要力量。在一个高度依存的全球经济体系中，任何一个经济体特别是作为全球供应链关键环节的经济体发生暂时的生产停摆或贸易限制，都会给其他经济体带来不容小觑的外部冲击。剖析商用车外部需求结构，宏观经济、基建投资是推动商用车基本需求变化的主要因素。而2020年新冠疫情的发生，对宏观经济、基建投资均产生了较大影响，进而导致商用车需求基本量的波动。随着疫情的发生，我国经济下行压力进一步加大。目前来看，交通运输、餐饮、旅游、住宿等行业受疫情影响最为严重，对消费、投资、出口等也产生了较大负面影响。同时，制造业、煤炭等相关产业企业复工延期，产业链供应中断，居民收入下滑，失业率提高，消费者信心指数下降等，进一步加大了我国经济发展的下行压力。全社会产销量下滑，减弱公路运输需求，导致商用车需求基本量有所下滑。

5.2.4.2 经营风险

汽车融资租赁公司的主要风险表现在：① 合同诈骗。具体表现如，承租人虚构经济实力、履约能力与担保能力；伪造汽车销售发票与机动车登记证；承租人与汽车供应商恶意串通；车辆重复融资等。② 租金拖欠。具体表现如，承租人不能按时或足额交纳租金。③ 车辆质量瑕疵风险。在汽车融资租赁业务中,汽车融资租赁公司是基于承租人对车辆及供应商的选择而购买车辆交由承租人使用,汽车融资租赁公司仅收取租金,供应商直接向承租人交付车辆并由承租人进行验收确认,汽车融资租赁公司并不对车辆的质量承担任何责任,除非有证据证明其对承租人选择车辆或供应商进行了干扰,这在一些厂商系的汽车融资租赁公司开展业务的过程中发生的概率更高。④ 车辆被无权处分。考虑到操作便利性、税收成本、后续问题等方面,汽车融资租赁公司与承租人并不一定办理车辆过户,尤其是售后回租模式。在实务中,这加大了融资租赁公司的风险。⑤ 车辆被查封、扣留的风险。租赁车辆若涉及刑事案件或其他纠纷,可能会被法院查封扣押。虽然公安部颁布的《公安机关办理刑事案件程序规定》第六十一条规定要求公安机关在拍摄或者制作足以反映原物外形或者内容的照片、录像后返还车辆,但实务操作中难度不小。⑥ 车辆被盗抢、毁损与灭失。在汽车融资租赁中,汽车的所有权与使用权分离,虽然汽车的维修、保养、安全性责任均由承租人承担,车辆被盗、毁损及灭失风险亦由承租人承担,但是为充分保障自身权益并从有效控制维权成本的角度考量,汽车融资租赁公司必须充分重视车辆的被盗抢、毁损及灭失风险。公司开展的业务租期基本在 3 年左右,客户多以农户、散户为主,加之信用体系不健全,融资租赁企业面临着较大的经营风险。

5.2.4.3　市场法规滞后

汽车融资租赁业务的经营主体可以有很多种,例如,汽车金融公司、金融租赁公司、融资租赁公司,等等。不同的经营主体,所对应的监管政策也是不一样的。融资租赁公司在 2018 年 4 月 20 日之前是归商务部管理的,2018 年 4 月 20 日正式划归银保监会监管,现在以上几种经营主体公司都归银保监会监管。监管机关是一样的,不过适用的监管政策不一样。汽车金融公司受银保监会《汽车金融公司管理办法》管理,金融租赁公司受银保监会《金融租赁公司管理办法》管理,融资租赁公司受银保监会《融资租赁公司监督管理暂行办法》管理。相对而言,汽车金融公司和金融租赁公司都是持牌金融机构,《汽车金融公司管理办法》和《金融租赁公司管理办法》的监管措施更严格。而融资租赁公司不是持牌的金融机构,所以《融资租赁公司监督管理暂行办法》的管理相对更宽松一些。2020 年 5 月,《中华人民共和国民法典》和银保监会《融资租赁公司监督管理暂行办法》两部法律法规的颁布,意味着融资租赁行业政策有了法律基础。从 2020 年 5 月份开始梳理,据不完全统计,至今已经出台汽车融资租赁相关的法律法规总计64个，其中国家政策23个、地方政策41个。此外，虽然国家相关的法律法规在不断完善，但仍跟不上融资租赁业务快速发展的需要，限制了融资租赁规模的进一步扩大。比如，2022年很多地方出台的融资租赁规定中，明确要求融资租赁公司应当服务本地，原则上不得跨省设立分支机构开展业务。

5.2.4.4 融资租赁利率较高

一般而言，银行汽车分期贷款利率为4%～5%，汽车金融公司的利率为5%～6%，而汽车融资租赁公司的利率为6%～10%。受金融严监管、去杠杆的影响，作为出租方的融资租赁公司，面临融资难、融资贵等困境。为了进一步获利，融资租赁会将这部分利息费用通过收取更高利息的方式向承租方转嫁。但一般愿意接受高代价的承租方，通常又是经营业绩较差、财务状况不佳、满足不了银行信贷的企业。对于这些承租方，本身资信实力不强，若再加上高利率租金，会进一步加大资金压力、引发流动性风险。

5.3 徐工汽车融资租赁业务的风险控制评价

融资租赁作为一种金融服务，具体包括系统风险与非系统风险，其中属于企业可控的主要为非系统风险（如信用风险、操作风险和经营风险等），该类风险的大小直接取决于该企业的内部控制情况。因此，徐工汽车在开展商用车融资租赁业务过程中主要从COSO风险管理框架的八大要素（内部环境、目标设定、事项识别、风险评估、风险应对、控制活动、信息与沟通、监控）进行风险控制。

5.3.1 内部环境——合同管理制度

对徐工汽车经销商、徐工汽车各营销平台、徐工重型车辆公司、徐工汽车新能源公司推荐的金融业务客户申请，按一定的流程对客户资信进行审核。审核建议通过的，可继续放款流程或出具业务确认函通知金融合作平台放款。审核建议不通过的，暂停后续业务流程。

5.3.2　目标设定——客户选择和评审制度

风险控制部根据客户资质评审表中相关内容进行评审,对照每一条评分栏目,逐条打分,并根据评分汇总确定客户资质等级。

审核流程:① 一级风控评审;② 二级风控评审;③ 三级风险合规部评审、必要的实地尽调;④ 大额订单评审委员会会议决策。具体如下:200 万元以下订单,业务运营中心决策,经历审核环节①;200 万元～500 万元订单,风险合规部决策,经历审核环节①②;500 万元～1 000万元订单,风险运营中心决策,经历审核环节①②③;1 000 万元以上订单,融资租赁公司决策,经历审核环节①②③④。评审通过单据:评审资料和资产提供情况符合资信评审要求的,按照融资金额审批权限由相关人员审核后,予以正常签字通过。

5.3.3　事项识别——应收账款回收制度

为保证应收账款正常回收,公司实施“一锁二拖三诉讼”追账责任法,由融资租赁部全程实施,风险控制部、法务部配合,其中法务部负责对融资租赁合同执行情况进行监督和考核,负责应收账款的法律诉讼工作。在应收账款回收过程中,具体制定了应收账款客服电话提醒、业务人员上门催收、GPS 锁车、拖车、诉讼等逾期预案和实施细则,以期达到减少甚至避免应收账款呆账或坏账的风险。

5.3.4　风险评估——客户信用等级评价制度

为增强客户主动还款意识,对每一个融资租赁客户(承租人)进行后续的信用等级评价,从还款及时性、合同履约、GPS 运营数据监控三个方面构建客户信用等级评价体系。按照还款能力和还款意愿,将客户信用等级评价分为四个等级:A 类有能力,有意愿;B 类有意愿,无能力;C 类有能力,无意愿;D 类无能力,无意愿。评为 A 级的客户,为公司重点客户,再次合作的条件可酌情放宽;评为 B 级的客户,可以根据客户实际情况办理延期或减免优惠等;评为 C 级的客户,限制性地开展业务,并重点监控;评为 D 的客户,除已签订正在执行的合同,公司不再与其进行新的业务合作。

5.3.5 风险应对——风险预警和法律诉讼制度

作为融资租赁业务的后续追踪保障，风险预警发挥着重要的风险抑制作用。

① 风险控制部严格按照《融资租赁客户的选择和评审制度》，对客户进行资质评审，如实了解其信用状况，根据信用等级决定是否开展业务。

② 融资租赁部负责对客户进行定期跟踪走访，了解信息和经营情况，发现问题及时向公司领导汇报并研究处理意见。

③ 风险控制部、资产财务部负责对合同的执行情况进行监督，审核每笔业务合同的执行状况，确保按合同日期回款，对延期付款的合同，及时提出，向公司领导汇报，并督促融资租赁部催收。

④ 客户延期未付款的，融资租赁部应按《应收账款催收制度》及时向客户下发催收函，必要时由风险控制部向客户起草、下发律师函，加大租金催收力度。

5.3.6 控制活动——回收设备管理和处置制度

基于完善设备退出机制，公司还出台了租赁设备的回收和处置细则。

① 风险控制部组织融资租赁部、资产财务部、党政工作部、维修服务部及相关评估人员对回收的设备进行价值评估，确定评审价值，并制定处置方式。

② 维修服务部根据处置意见，组织相关人员对设备状况进行评审，并提出维修方案，报公司领导批准后组织实施。

③ 根据评审结果，设备的处置分为三种：继续融资租赁、经营租赁、直接销售。总之，充分挖掘租赁设备的盈利关键点，使得设备得到更加有效的多渠道利用。

5.3.7 信息与沟通——质量和售后服务制度

为加强产品质量管理，为满足客户需求服务，必须注重质量和售后服务保障。

① 设备交付给客户后，融资租赁部负责与承租客户保持联系，了解客户对产品质量的反馈信息，并做好记录，及时向主机厂反馈。

② 接到客户对设备质量问题反馈信息后，融资租赁部应立即与制造厂服务

部门取得联系,确保将质量问题信息及时传递给制造厂服务部门。

③ 融资租赁部负责积极协调制造厂相关部门,确保设备得到及时维修,并向客户传递维修信息。

5.3.8 监控——GPS 监控制度

为保证设备资产的安全,促进融资租赁业务的正常回款,公司规定:设备原则上一律安装 GPS 系统,由融资租赁部在租赁合同中约定,安装费用及租赁期间的使用费由承租人承担。凡客户出现逾期付款总额超过三期或出现恶意欠款的,经公司总经理批准后,风险控制部进入 GPS 锁死程序。GPS 锁死后,融资租赁部部门负责人安排专人与客户联系,催收拖欠租金,并与客户商谈应收租金及其他应付款项的支付计划。

5.4 徐工汽车融资租赁存在的风险管理问题

(1) 逾期管控手段过少,目前仅局限于电话催收和锁车层面,对于催收函件和律师函件的发送、征信系统上报、重点用户的实地家访、贷后方案的灵活运用等方面均有欠缺。

(2) 内部在和法务、营销的联动上有所不足,外部未能充分利用资方催收资源和调动经销商的催收积极性。下一步需要充分调动资源,进行联合作战,多措并举进行统一催收,在充分维护好用户的同时,有效打击恶意用户。

(3) 档案管理问题。历史档案管理要求过低,导致档案返还不及时以及档案借阅困难。其主要原因在于:

① 因存量车辆的抵押登记需要,大本暂未归档,对应的合同无法返还。

② 法务历史借阅合同数量较多,时间较长,且未反馈。

③ 未对业务档案进行建章建制与流程梳理,导致返还的档案不能达到诉讼要求。

应该设立专职业务档案管理岗位,建章建制,明确新业务的归档要求和借还流程,并落实到责任人。

5.5 徐工汽车融资租赁风险管理的对策

5.5.1 完善风险管控制度

全面加强事业部金融业务规范运营，增强各岗位责任意识，建立有效的合规管理体系。风险合规部主导制定合规、内控、风险前中后台一体化管理体系方案，尽快制定《供应链业务管理办法》《债权车回收处置管理办法》《专项回购再融资操作手册》等多项制度流程，为实现金融服务公司稳健高质量发展作出基础保障。同时明确风险管控标准，设立风险提示机制，发布《金融释放款使用规范》，再次明确禁止准入类订单细则。不断完善公司融资租赁业务租赁物抵押流程，在充分支持主业开展的同时，抵押率要全面提升，在新业务方面，除去新疆地区及其他个别明确无法抵押的城市外，其余地区抵押率最高值达90%以上。优化上牌车辆及非上牌车辆评审逻辑。新风控模型在重点考察用户资信情况的同时，结合行业属性、产品线特点、使用场景、项目工程等因素进行综合考量，更客观地评价用户的运营及还款能力，增加了终端客户通过率。

5.5.2 健全业务操作流程

已经完成的徐工汽车融资租赁系统一期项目，全面开启金融业务全线上办理，推动订单即时高效运转，全面实行合同电子签约，强化可溯性，有效抓取评审信息、逾期信息等核心数据，实现金融业务订单审批全流程留痕，为做大做强金融业务提供科技支撑。尽快启动融资租赁信息系统二期项目，与各资方平台实施数据对接，根据业务需求实现放款、逾期等核心数据的随时抓取，大力提升金融公司数据分析能力，确保业务办理的精准性与及时性。建立电话回访机制，启用电子签约和电话回访机制，充分了解用户的购车意愿和还款意愿，确保承租人和实际使用人相符。完善500万元以上融资额客户的尽调标准，根据客户情况，分为全面尽调和定向尽调，不再是笼统的单一标准。在确保掌握客户真实情况的同时提高效率。对业务条线、风控条线做现场培训，强化尽调联动时效，助力营销提高市场反馈时效。完善 GPS 锁车管控流程,遵循简洁、高效、可以追溯的原则,明确内部锁车、解锁的标准和审批机制,推动业务部门操作、风控部门监督的管理办法,杜绝违规行为的发生。为监督规章制度的高效执行,专门设立监督监察小组,每季度对制度执行情况实施监督抽查,建立环环相扣的责任考核制度,增强全体员工对规章制度的敬畏心及执行力。

5.5.3　聚焦逾期压降

搭建逾期清收体系,压实清收职责。实行分散与集中管控,建立上下联动、内外联动的清收机制,自领导小组到一线催收人员,各责任主体、二手车部门、外部律所、三方清收团队的清收力量形成合力。同时,结合金融公司逾期分类标准和法务部逾期分类标准,按照逾期类别回款目标进行管控主体的目标分解,实现网格化管理。

(1) 夯实金融逾期清收基础管理

① 分析业务档案:根据前期业务办理的归档的业务档案,查找客户、担保人的家庭情况、收入情况、主要社会关系情况、资产情况、公司经营情况、其他投资情况、抵(质)物及反担保措施落实现状等。

② 开展债务人(担保人)资信调查:贷后人员通过各种途径摸排债务人(担保人)的经营状况,尤其重要的是摸清其有效资产。还要关注租赁物状况、残值,与事业部二手车处置部门联合,控制其租赁物,拍卖变现用于逾期清收。

③ 逐户制定逾期清收处置方案,实行清单式管理,形成"一户一策"逾期清收处置精准台账。

(2) 强化管控过程,强化责任主体考核机制

事业部作为逾期清收的牵头部门,对各责任主体进行过程干预,要求各单位清收工作穿透到具体责任人,时刻关注回款进度。回款序时进度未达标单位,由金融服务公司提报预算管理部进行考核;序时进度达标单位,经预算督导部核实后报送人力资源部予以奖励。

第6章

融资租赁业务会计准则相关问题研究

《企业会计准则——租赁》(简称“本准则”)最早于 2001 年 1 月 18 日公布，并于 2001 年 1 月 1 日起在所有上市企业施行。之后，财政部于 2018 年 12 月中旬发布新修订的《企业会计准则第 21 号——租赁》(以下简称“租赁准则”)，要求 2021 年后在大中型企业实施。租赁准则的颁布、实施，对于进一步规范承租人和出租人的融资租赁和经营租赁的会计核算和相关信息的披露、提高会计信息的相关性和可靠性，推动我国租赁业乃至整个社会主义市场经济的发展，将起到积极的作用。

6.1　准则制定的背景及意义

20 世纪 80 年代初，我国兴起了以融资租赁为主要目的的现代租赁业务。1981 年 4 月，中国国际信托投资公司、北京市机电设备公司和日本东方租赁股份有限公司共同出资创建了中国第一家租赁公司——中国东方租赁有限公司。同年 7 月，中国国际信托投资公司与国家物资局共同组建了中国第一家金融租赁公司(属非银行金融机构)——中国租赁有限公司。这两家租赁公司的成立标志着现代租赁业在我国的诞生和现代租赁体制在我国的建立。截至 20 世纪末，全国共有金融租赁公司 14 家、中外合资租赁公司 45 家、信托投资公司 239 家、财务公司 80 家、资产管理公司 4 家，共计 370 多家。这些公司都不同程度地开展了融资租赁业务，包括传统融资租赁(直接租赁)、转租赁、售后租回交易、委托租赁、厂商融资租赁、结构共享式租赁、联合租赁等，并兼营经营租赁业务。

另外，据不完全统计，目前全国共有实物租赁公司 1 000 多家，这类公司主要从事经营租赁。经营租赁的标的物主要包括钢模板、通用设备、建筑施工机械、医疗设备、各类汽车、电脑、办公设备、电视、音像制品、健身器材和儿童用品等，有些租赁公司正在探索闲置厂房设备的整体租赁。租赁标的物的价值相差很大，有上千万元的大型设备，也有小至不足百元的日用消费品。

随着全球国际化步伐的加快，金融租赁公司，包括中外合资租赁公司都将面临严峻挑战。根据有关协议，中国加入 WTO 五年后，将允许国外金融机构进入中国市场开展人民币业务，包括国外金融机构、跨国公司进入中国开展融资租赁和经营租赁业务。目前，已有 IBM、CIT 等跨国公司在中国设立的租赁公司，这些租赁公司资金实力雄厚，业务操作按照国际惯例运作，对中国的租赁业已日益构成挑战。

为了规范租赁业的发展，中国人民银行于 2000 年 6 月 30 日以中国人民银行令〔2000〕第 4 号发布了《金融租赁公司管理办法》。在会计规范方面，本准则发布之前，对出租人的会计核算规定主要体现在《金融企业会计制度》中，承租人的有关核算业务则未有系统规定。为了进一步规范租赁业务的会计核算和相关信息披露，财政部于 1993 年 1 月成立项目组，着手研究、制定租赁会计准则。经过充分的调查研究和多次修改，本准则于 2000 年 1 月 18 日正式发布，并自 2001 年 1 月 1 日起在我国所有企业执行。

租赁会计准则的发布、实施，对于规范承租人和出租人对融资租赁和经营租赁的会计核算和相关信息的披露，具有重要意义。它不但进一步完善了我国租赁业发展的“四大支柱”(法律、税务、监管和会计)，有利于租赁业的风险防范和租赁市场培育，同时在会计处理上也与国际惯例相协调，为租赁业的发展和壮大提供了良好的会计规范。

6.2 准则规范的范围及有关定义

6.2.1 准则规范的范围

租赁是一类特殊的业务事项，从这个角度看，租赁会计准则属于特殊业务准则，但它又不同于一般的特殊业务准则，而带有特殊行业准则的特征。其业务的特殊性，主要是从承租人的角度而言，不同于企业的固定资产、存货、应收款项等共同业务，有其自身的特殊性；其行业的特殊性，主要是从出租人的角度而言，租赁业作为一个特殊行业，无论是其业务范围还是经营方式等都与其他工商企业有许多不同之处，其会计核算有独特之处。

鉴于这种考虑，租赁会计准则作为一个特殊业务准则，分别融资租赁和经营租赁，对承租人的有关会计处理作出了规定；又从一个特殊行业准则的角度，对租赁公司这一特殊行业的基本业务的会计处理作出了规定。

在实务中，以租赁形式存在的业务名目繁多，对哪些业务应纳入租赁会计准则规范的范围这一问题，在起草过程中，我们进行了大量的调查和比较。国际会计准则和美国、英国的会计准则中，都规定不涉及下列特殊的租赁业务：

① 开采或使用石油、天然气、林木、金属及其他矿产等自然资源的租赁协议；

② 电影、录像、剧本、文稿、专利和版权等项目的许可使用协议。

原因在于上述协议虽然类似于租赁协议，但和一般的租赁协议在租赁标的物上还是存在很大差别。第一类业务主要涉及自然资源开采或使用，涉及的是开采权或使用权，这一事项比较特殊，世界各国都还处于研究过程之中，因此在租赁准则中暂不涉及；第二类业务主要涉及著作权、专利权等无形资产，有关的会计处理在有关无形资产会计准则中规范。

根据调查，目前我国石油、天然气、林木、金属及其他矿产等自然资源的开采或使用并不存在租赁情况，这些业务目前均由公司自营或与国外合作经营。土地使用权的租赁协议和电影、录像、剧本、文稿、专利和版权等项目的许可协议，在我国确有存在，但这些项目应在无形资产会计准则中加以规范，因此本准则将这三类业务排除在外。

6.2.2　准则的有关定义

6.2.2.1　租赁

从各国准则来看，对租赁的定义大同小异。例如，《国际会计准则第 17 号——租赁》（以下称“国际会计准则”）对租赁的定义是：指在一个议定的期间内，出租人将某项资产的使用权让与承租人，以换取一项或一系列支付的协议。《美国财务会计准则公告第 13 号——租赁会计》（以下称“美国会计准则”）对租赁的定义是：指一个规定的期间转让固定资产（土地和/或可折旧资产）的使用权的协议。《英国标准会计惯例公告第21号——租赁及租购合同会计》(以下称“英国会计准则”)对租赁的定义是:指出租人与承租人就租用某一指定资产所订立的合同。出租人保留资产所有权,但在约定期间内将资产的使用权转让给了承租人以换取租金。

综合以上定义,可以看到,国际会计准则、美国会计准则、英国会计准则对租赁的定义基本相似,并无实质性差别,都是将租赁定义为一项协议。借鉴以上做法,我国企业会计准则将租赁定义为:在约定的期间内,出租人将资产使用权让与承租人以获取租金的协议。

6.2.2.2　租赁期

租赁期对于租赁会计核算具有十分重要的意义。国际会计准则、美国会计准则、英国会计准则都对租赁期做了定义。

国际会计准则将租赁期定义为:承租人签约租赁资产的不可撤销期间;如承租人有权选择继续租赁该资产,而且在租赁开始日就可以合理确定承租人将会行使这种选择权,则不论是否再支付租金,续租期也算在租赁期内。

美国会计准则将租赁期定义为:固定的不可撤销的租赁期加上优惠续租期间;承租人如果不续租就会遭受违约罚款以至于在租赁开始日就可以合理确定承租人将会续租的期间;承租人为出租人购买租赁资产所提供的债务担保尚未解除的正常续租期间;承租人为行使优惠购买选择权而必须续租的期间;可由出租人单方面决定的续租期间。但是,在任何情况下租赁期最长不应超过租赁开始日至优惠购买选择权行使之日的期间。

英国会计准则将租赁期定义为:承租人根据合同规定租用资产的期间加上续租与否取决于承租人(不论是否需要再支付款项)的续租期,而且在租赁开始日就可以合理确定承租人将会行使续租选择权。

综合以上定义,可以看到,国际会计准则、美国会计准则、英国会计准则对租赁期的定义基本相似,都是指租赁合同规定的期间加上续租期,其中美国还规定了租赁期的上限,即租赁期最长不得超过优惠购买选择权行使之日。

借鉴以上做法,本准则将租赁期定义为:租赁合同规定的不可撤销的租赁期间。如果承租人有权选择继续租赁该资产,而且在租赁开始日就可以合理确定承租人将会行使这种选择权,则不论是否再支付租金,续租期应当包括在租赁期内;如果租赁合同规定承租人享有优惠购买选择权,而且在租赁开始日就可以合理确定承租人将会行使这种选择权,则租赁期最长不得超过自租赁开始日起至优惠购买选择权行使之日止的期间。

6.2.2.3　不可撤销租赁

从所考察的地区的准则来看,对于不可撤销租赁概念,除国际会计准则和美国会计准则外,英国会计准则没有给出定义。

国际会计准则将不可撤销租赁定义为,只有在以下情况之一出现时才可撤销的租赁:发生某些很少会出现的或有事项;经出租人同意;承租人与原出租人就同样或类似资产签订了新的租赁合同;承租人额外支付了一笔款项,以至于在租赁开始日,可以合理地确定租赁会继续下去。

美国会计准则将不可撤销租赁定义为,只有在下列情况之一出现时才可撤销的租赁:发生某些很少会出现的或有事项;经出租人同意;承租人与原出租人签订了一项新租赁合同;承租人支付了一笔罚款,以至于在租赁开始日,可以合理确定租赁会继续下去。

综合以上定义,可以看到,国际会计准则和美国会计准则对不可撤销租赁的定义基本相似,都采用了排除法,指除四种可撤销租赁的情形以外的租赁。考虑到不可撤销租赁这一概念对于租赁分类等有着重要影响,因此本准则也对这一概念作了定义。本准则将不可撤销租赁定义为:只有在以下一种或数种情况下才可撤销的租赁:发生某些很少会出现的或有事项;经出租人同意;承租人与原出租人就同一资产或同类资产签订了新的租赁合同;承租人额外支付了一笔足够大的款项。

6.2.2.4　担保余值

在所考察地区的准则中,对于担保余值概念,只有国际会计准则给出了定义。国际会计准则将担保余值定义为:就承租人而言,由承租人或与其有关的第三方担保的那一部分余值(担保的金额是无论如何也应支付的最大金额);就出租人而言,是指由承租人或由与出租人无关,但在财务上能够履行担保义务的第三方担保的那一部分余值。

为便于理解担保余值,以及正确计算确定最低租赁付款额和最低租赁收款额,本准则也对担保余值作了与国际会计准则基本相同的定义。本准则将担保余值定义为:就承租人而言,是指由承租人或与其有关的第三方担保的资产余值;就出租人而言,是指就承租人而言的担保余值加上独立于承租人和出租人,但在财务上有能力担保的第三方担保的资产余值。其中,资产余值是指在租赁开始日估计的租赁期届满时租赁资产的公允价值。

6.2.2.5 未担保余值

未担保余值是与担保余值相对的一个概念。国际会计准则、美国会计准则、英国会计准则等都对未担保余值作了定义。

国际会计准则将未担保余值定义为：出租人无法保证能否变现，或其变现只是由出租人的关联方给予担保的那一部分租赁资产余值。

美国会计准则将本担保余值定义为：租赁资产估计余值中扣除由承租人或与出租人无关的第三方担保后的部分。

英国会计准则将未担保余值定义为：在租赁开始日估计的租赁资产余值中无人对出租人作出担保或仅由与出租人有关的第三方担保的部分。

综合以上定义，可以看到，国际会计准则、美国会计准则、英国会计准则对未担保余值的定义基本相似，虽然定义方式有所不同，并无实质性差别。为便于理解和计算确定未担保余值，本准则将未担保余值定义为：租赁资产余值中扣除就出租人而言的担保余值以后的资产余值。

6.3 租赁的分类

租赁可以从不同的角度加以考察，从而作出不同的分类。租赁涉及法律、金融、保险、贸易、财税、会计等许多方面，各个方面在考虑租赁交易的类别时，所注重的条件并不相同。有的侧重较为明确的条件，甚至确定具体的数量标准，如租赁期至少等于资产有效使用年限的一定比例；有的则侧重较为含糊的条件，如与资产所有权有关的风险和报酬已基本转移。因此，租赁的分类可以有多种标准和方法。从会计角度对租赁的分类基本上是按租赁的目的进行的。其中较有代表性的是国际会计准则和美国会计准则中的分类，这两种分类对其他国家和地区的准则产生了较大的影响。

6.3.1 国际会计准则对租赁的分类

国际会计准则对租赁的分类，是按照与租赁资产所有权有关的风险和报酬归属于出租人或承租人的程度为标准，将租赁分为融资租赁(finance lease)和经营租赁(operating lease)两大类。

融资租赁，指实质上转移了与资产所有权有关的全部风险和报酬的租赁。至于所有权，最终可能转移，也可能不转移。其中，风险包括由于生产能力闲置或工艺陈旧可能造成的损失，以及由于经济状况的改变可能造成的回报变动。报酬包括资产在其经济寿命期间对盈利活动的期望，以及因资产增值或余值变现可能产生的利得。

租赁是认定为融资租赁还是经营租赁，依赖于交易的实质而不是合同的形式。在融资租赁下，虽然从法律形式上看租赁资产的所有权并没有发生转移，但从交易的实质来讲，承租人在租赁资产使用寿命的大部分时期内，获得租赁资产在使用上的各种经济利益，同时，作为取得这项权利的代价，需支付大致相等于该项资产的公允价值的金额和有关的财务费用。对出租人来讲，在资产使用寿命期间的大部分时期内，让渡资产的使用权，同时取得租金作为回报。通常，租赁如具有下列情况之一，应认定为融资租赁：

① 在租赁期结束时，资产的所有权转让给承租人；

② 承租人有购买租赁资产的选择权，其购价预计将远低于行使选择权时租赁资产的公允价值，因而在租赁开始日就可合理确定承租人将会行使这项选择权；

③ 即使资产的所有权不转让，但是租赁期占资产使用寿命的大部分；

④ 在租赁开始日，最低租赁付款额的现值几乎相当于租赁资产的公允价值；

⑤ 租赁资产性质特殊，以至于如果不作较大修改，只有承租人才能够使用。

除上述情况以外，以下某一情形或某几种情形下，也可以将租赁认定为融资租赁：

① 如果承租人撤销该租赁，则撤销所导致的出租人的损失由承租人承担；

② 资产余值的公允价值波动形成的利得或损失归承租人(例如，以相当于租赁结束时让售价格的绝大部分金额作为租金返还)；

③ 承租人能以大大低于市场租价的租金继续租赁至下一期间。

没有满足以上标准的租赁，应认定为经营租赁。

需要指出的是，目前国际会计准则委员会正在研究不再将租赁区分为融资租赁和经营租赁，而是全部按目前融资租赁的办法核算。我们将密切关注国际会计准则的这一动态。

6.3.2 美国会计准则对租赁的分类

美国会计准则分别从承租人和出租人的角度对租赁进行了分类。

（1）承租人角度

租赁分为资本租赁（capital leases）和经营租赁（operating leases）两类。如果在租赁开始日符合以下四条标准中的一条或多条，应将其认定为资本租赁：

① 租赁期结束时，资产所有权转移给承租人。

② 租赁包含有优惠购买选择权。

③ 租赁期不短于租赁资产的预计经济寿命的75%。但是，如果租赁资产是旧资产，在开始租赁前其已使用年限超过资产全新时可使用年限的75%时，则本标准不适用。

④ 在租赁期开始时最低租赁付款额（不包括履约成本，例如保险费、维修费和出租人支付的税金，以及由履约成本所产生的任何利润）的现值不小于在租赁开始日出租人的租赁资产的公允价值减去出租人保留的和预期会实现的任何相关投资减免税后的余额的90%。但是，如果租赁资产是旧资产，在开始租赁前其已使用年限超过资产全新时可使用年限的75%时，则本标准不适用。

不满足以上四条标准的租赁，应认定为经营租赁。

（2）出租人角度

租赁分为销售型租赁（sales-type leases）、直接融资租赁（direct financing leases）、杠杆租赁（leveraged leases）和经营租赁（operating leases）四类。

销售型租赁，顾名思义，指具有销售性质的租赁，即租赁开始日租赁资产的公允市价或最低租赁付款额的现值大于或小于资产的成本或账面价值。销售型租赁的出现，主要是因为制造商或经销商成为出租人，将租赁作为其营销商品的一条途径。这种情况下，出租人获取的收益中，除融资收益以外，还包括产销差价或进销差价。因此，销售型租赁在租赁开始日会对出租人产生销售损益。主要从事金融业务的出租人通常不会形成销售型租赁，而往往是形成直接融资租赁。根据美国会计准则，如果租赁在满足上述承租人资本租赁的四条标准之一的同时，还满足以下两条标准，则应认定为销售型租赁；否则应认定为经营租赁。

① 最低租赁付款额的收账可能性能够合理估计。

② 应由出租人负担的成本金额不存在重大不确定性。这种重大不确定性包括：出租人向承租人保证租赁资产性能良好，或在租赁期内不会因技术进步而

淘汰。

直接融资租赁的标准与销售型租赁基本相同，唯一的区别是直接融资租赁不会在租赁开始日对出租人产生销售损益。换言之，在租赁开始日，租赁资产的公允价值，等于其成本或账面价值。

杠杆租赁是指满足以下标准的租赁：

① 租赁至少涉及三方当事人：承租人、长期贷款人、出租人(通常称为权益参与人)；

② 长期贷款人提供的融资是无追索权的，就如提供给出租人一般性贷款一样；

③ 出租人的净投资在投资完成后的前几年会减少，在租赁期满前的后几年又会增加。

6.3.3　英国会计准则对租赁的分类

英国会计准则按照与租赁资产所有权有关的风险和报酬归属于出租人或承租人的程度为标准，将租赁分为融资租赁和经营租赁两类。

英国会计准则指出，融资租赁与经营租赁之间的差别通常可从出租人与承租人之间订立的合同条款得到证明。融资租赁，指实质上将与资产所有权有关的全部风险和报酬转移给承租人的租赁。在租赁开始日，如果最低租赁付款额(包括任何初始付款)的现值实质上等于租赁资产的公允价值(通常为90%以上)，则可假定风险和报酬转移给了承租人。如果资产的公允价值不能确定，则应采用估计值。融资租赁以外的租赁则为经营租赁。

6.3.4　我国其他地区企业会计准则对租赁的分类

综合以上对租赁的分类，可以看到，国际会计准则、美国会计准则、英国会计准则均将租赁分为融资租赁和经营租赁两大类。只是美国会计准则分别从承租人和出租人的角度进行了分类。本准则采用了国际通行的标准，将租赁分为融资租赁和经营租赁两类。

从分类的具体判断标准看，国际会计准则的第1、2条标准与美国会计准则基本一样，第3、4条标准与美国会计准则的表述形式不一样，前者用文字“大部分”、“几乎相当于”，而后者用数字75%、90%，但两者所要表述的意思是一样的。国际会计准则的第5～8条标准，在各有关国家、地区均没有提到。英国会计准则没有专门列出融资租赁的分类标准，只是在融资租赁定义中，提到了90%的比例。

从我国的实际情况看，在有关租赁的法律法规或现行财务税收会计法规中，或是在作为出租人的租赁公司和作为承租人的工商企业实务中，基本上也是按租赁的目的将租赁分为融资租赁和经营租赁两类。

会计准则对租赁的分类，应以与租赁资产所有权有关的风险和报酬是否转移作为基本标准，因此在本准则中也将租赁分为融资租赁和经营租赁两类。在这一前提下，为了判断与租赁资产所有权有关的风险和报酬是否已经转移，本准则规定了几条便于实务操作的判断标准。国际会计准则中的第5～8条判断标准，有其合理的成分，在本准则中也有所体现。

至于经营租赁，一般只转让资产使用权，而不涉及所有权。在会计实务中，通常把融资租赁以外的租赁都认定为经营租赁。从其租赁目的看，这种租赁主要是承租人出于经营上的临时需要，或由于季节性需要。在经营租赁下，出租人保留了与资产所有权有关的大部分风险和报酬，而且，按照租赁协议，由于将资产使用权转让给承租人，因而出租人有权向承租人收取租金。作为另一方的承租人就有义务因取得资产的使用权而支付租金。一般情况下，这种租赁的租赁期明显短于资产的使用年限。

鉴于以上分析，本准则规定：承租人和出租人应当在租赁开始日将租赁分为融资租赁和经营租赁。企业应当将起租日作为租赁开始日。但是，在售后租回交易下，租赁开始日是指买主（即出租人）向卖主（即承租人）支付第一笔款项之日。

企业在对租赁进行分类时，应当全面考虑租赁期届满时租赁资产所有权是否转移给承租人、承租人是否有购买租赁资产的选择权、租赁期占租赁资产尚可使用年限的比例等各种因素。满足以下一项或数项标准的租赁，应当认定为融资租赁：

① 在租赁期届满时，租赁资产的所有权转移给承租人。

② 承租人有购买租赁资产的选择权，所订立的购价预计将远低于行使选择权时租赁资产的公允价值，因而在租赁开始日就可以合理确定承租人将会行使这种选择权。

③ 租赁期占租赁资产尚可使用年限的大部分。但是，如果租赁资产在开始租赁前已使用年限超过该资产全新时可使用年限的大部分，则该项标准不适用。

就承租人而言，租赁开始日最低租赁付款额的现值几乎相当于租赁开始日租赁资产原账面价值；就出租人而言，租赁开始日最低租赁收款额的现值几乎相当于租赁开始日租赁资产原账面价值。但是，如果租赁资产在开始租赁前已使用年限超过该资产全新时可使用年限的大部分，则该项标准不适用。

本准则所称最低租赁付款额是指，在租赁期内，承租人应支付或可能被要求支付的各种款项(不包括或有租金和履约成本)，加上由承租人或与其有关的第三方担保的资产余值。但是，如果承租人有购买租赁资产的选择权，所订立的购价预计将远低于行使选择权时租赁资产的公允价值，因而在租赁开始日就可以合理确定承租人将会行使这种选择权，则购买价格也应当包括在内。或有租金是指，金额不固定、以时间长短以外的其他因素(如销售百分比、使用量、物价指数等)为依据计算的租金。履约成本是指，在租赁期内为租赁资产支付的各种使用成本，如技术咨询和服务费、人员培训费、维修费、保险费等。

本准则所称最低租赁收款额是指，最低租赁付款额加上独立于承租人和出租人、但在财务上有能力担保的第三方对出租人担保的资产余值。

租赁资产性质特殊，如果不作重新改制，只有承租人才能使用。

6.4　租赁业务的会计处理

6.4.1　承租人对融资租赁的会计处理

6.4.1.1　租赁资产的资本化及其金额的确定

国际会计准则认为，交易和其他事项应按其实质和财务本质，而不是仅按法律形式进行。就融资租赁而言，租赁协议的法律形式是承租人可能没有获得租赁资产的法定所有权，而其实质和财务本质是，承租人以承担支付大致等于租赁资产的公允价值和有关融资费用的责任，换取在租赁资产大部分经济寿命内获得使用租赁资产的经济利益。如果这种租赁交易不反映在承租人的资产负债表中，则企业的经济资源和所负责任的程度都将被低估，因而会歪曲财务比率。因此，恰当的做法是，将融资租赁确认为一项资产和一笔支付未来租赁付款的负债。在租赁开始日，租赁资产和未来租赁付款负债应以相同的金额在资产负债表中予以确认。为租赁资产而承担的负债不应在资产负债表上作为租赁资产的减项，而应作为负债项目列示。租赁负债应和其他负债一样区分为流动负债和非流动负债。

鉴于此，国际会计准则规定，承租人应以租赁开始日租赁资产的公允价值与最低租赁付款额的现值两者之中较低者，在其资产负债表上将融资租赁确认为资产和负债。

美国会计准则规定：承租人应当将资本租赁记作一项资产和一项负债，其金额为租赁期开始时最低租赁付款额（不包括履约成本，例如保险费、维修费和出租人支付的税金以及由履约成本所产生的任何利润）的现值。但是，如果由此确定的金额超过了租赁开始日租赁资产的公允价值，那么应按公允价值记录资产和负债。

英国会计准则规定：融资租赁应在承租人的资产负债表中记录为一项资产和一项在未来支付租金的义务。在租赁开始日，同时作为资产和负债记录的金额应是最低付款额的现值。在实务中，融资租赁资产的公允价值往往非常接近于最低租赁付款额的现值。在这种情况下，也可以采用公允价值替代最低租赁付款额的现值。

综合以上可以看出，通过融资租赁，承租人一方面取得了一项资产，另一方面又承担了一笔债务。因此，承租人应将租入的资产确认为资产，同时将未来的付款义务确认为负债。并且在租赁开始日记录租赁资产和负债的金额应是以下两项金额中的较低者：租赁开始日租赁资产的公允价值和租赁开始日最低租赁付款额的现值。原因在于：承租人在租赁期内支付的最低租赁付款额由两部分组成：一部分是由于使用租赁资产并且享有与租赁资产有关的报酬而支付的代价（即租赁开始日租赁资产的公允价值或最低租赁付款额的现值），类似于购买资产时支付的价款，属于租赁开始日的资本性支出；另一部分是由于占有出租人的资金而支付的利息费用，属于各期的收益性支出。如果将这两部分金额都作为租赁资产的成本，那么就混淆了两种不同性质的支出，同时也会导致租赁资产的账面价值虚增，既违背了历史成本原则，也不符合谨慎性原则的要求。因此，国际会计准则、美国会计准则、英国会计准则均要求承租人融资租赁资产应予资本化，并且采用租赁资产公允价值与最低租赁付款额的现值孰低原则确定入账价值。

从目前我国租赁业实际情况看，虽然租赁业务涉及各行各业的承租人，但是承租人的财会人员对租赁业务仍比较陌生，对一些企业而言，融资租入资产在企业资产中所占比例并不大。在这种情况下，为便于实务操作，减少对未确认融资费用的分摊这一工作量，允许承租人按租赁开始日最低租赁付款额的金额记录融资租入固定资产也是可行的。这一规定，对承租人的当期损益没有显著影响，不会对会计报表的使用者造成太大的影响。

鉴于以上分析，我国企业会计准则规定：在租赁开始日，承租人通常应当将租赁开始日租赁资产原账面价值与最低租赁付款额的现值两者中较低者作为租入资产的入账价值，将最低租赁付款额作为长期应付款的入账价值，并将两者的差额记录为未确认融资费用。但是如果该项租赁资产占企业资产总额的比例不大，承租人在租赁开始日可按最低租赁付款额记录租入资产和长期应付款。

6.4.1.2　最低租赁付款额现值折现率的选择

对于计算最低租赁付款额的现值时所采用的折现率，国际会计准则、美国会计准则、英国会计准则都做了规定。

国际会计准则规定：在计算最低租赁付款额的现值时，如果租赁内含利率能够确定，则将其作为折现率，否则应采用承租人的增量借款利率。

美国会计准则规定：承租人应采用增量借款利率计算最低租赁付款额的现值，除非承租人知道出租人的租赁内含利率，并且出租人计算的租赁内含利率小于承租人的增量借款利率。如果符合了这两个条件，承租人应采用租赁内含利率。

英国会计准则规定：承租人应采用租赁内含利率计算最低租赁付款额的现值。如果租赁内含利率不能确定，则应参照类似租赁中承租人预期会支付的利率进行估计。

综合以上可以看出，国际会计准则、美国会计准则、英国会计准则都规定了承租人计算最低租赁付款额的现值时所采用的折现率。但是国际会计准则与美国会计准则规定有所不同。国际会计准则规定，在计算最低租赁付款的现值时，如租赁内含利率能够确定，则将其作为折现率，否则应采用承租人的增量借款利率，可见其首选是租赁内含利率。而美国会计准则则要求，承租人应采用增量借款利率计算最低租赁付款额的现值，除非承租人知道出租人的租赁内含利率，并且出租人的租赁内含利率小于承租人的增量借款利率。只有符合这两个条件，承租人才能采用租赁内含利率，显然其首选是承租人的增量借款利率。

由于出租人的租赁内含利率通常反映了承租人实际支付的筹资成本，因此在承租人知悉该利率的情况下，将其作为折现率比较合理。如果承租人不知悉出租人的租赁内含利率，这时就需要寻找其他的利率。根据我国的情况，可备选的主要有租赁合同规定的利率和同期银行借款利率两种。一般而言，租赁合同都规定有合同利率，这一利率是一个租赁双方都接受的利率，反映了承租人实际负担的利息水平，与同期银行贷款利率相比，更具相关性，因此，如果承租人不知悉出租人的租赁内含利率，采用租赁合同利率也比较客观、真实。但是，如果出租人的租赁内含利率和租赁合同规定的利率均无法知悉，这种情况下，由于出租人的租赁内含利率通常高于同期银行贷款利率，采用同期银行贷款利率可使最低租赁付款额的现值较大，易符合"最低租赁付款额的现值几乎相当于租赁开始日租赁资产的原账面价值"这一标准的要求，可以避免将融资租赁作为经营租赁进行会计核算。并且，从实务操作角度考虑，同期银行贷款利率较易取得，便于会计人员操作。如果是从国外取得的融资租赁，应采用与租赁期相同期限的国外贷款利率作为折现率。

鉴于以上考虑，我国企业会计准则规定：承租人在计算最低租赁付款额的现值时，如果知悉出租人的租赁内含利率，应当采用出租人的租赁内含利率作为折现率；否则，应当采用租赁合同规定的利率作为折现率。如果出租人的租赁内含利率和租赁合同规定的利率均无法知悉，应当采用同期银行贷款利率作为折现率。租赁内含利率是指，在租赁开始日，使最低租赁收款额的现值与未担保余值的现值之和等于租赁资产原账面价值的折现率。

6.4.1.3 初始直接费用

初始直接费用是指在租赁谈判和签订租赁合同过程中发生的可直接归属于租赁项目的费用，如印花税、佣金、律师费、差旅费等。

国际会计准则规定：可直接归属于承租人为获得融资租赁所进行的活动而发生的费用，应确认为租赁资产金额的一部分。

美国会计准则、英国会计准则只规定了出租人的初始直接费用的会计处理，而没有涉及承租人的初始直接费用问题。

由上可见，虽然只有国际会计准则规定了承租人初始直接费用的会计处理，并且应予资本化，但是考虑到就我国而言，初始直接费用项目和发生地点往往难有规律可循，并且金额相对较小。为了便于实务操作，本准则作了与国际会计准则不同的规定，即采用了费用化的做法。

我国企业会计准则规定：在租赁谈判和签订租赁合同过程中承租人发生的、

可直接归属于租赁项目的初始直接费用,如印花税、佣金、律师费、差旅费等,应当确认为当期费用。

6.4.1.4　未确认融资费用的分摊

未确认融资费用的分摊,是承租人会计核算的核心内容之一。

国际会计准则规定:租金应按比例分别计入融资费用并减少尚未结算的负债。融资费用应分摊于租赁期的各个期间,从而使各期就负债余额承担一个固定的利率。在实务中,在将融资费用分摊到租赁期的各个期间时,为简化计算,有时可以采用某些近似计算方法。

美国会计准则规定:在租赁期内,每一笔最低租赁付款额应在减少负债和计入利息费用之间进行分摊,以使负债余额承担一个固定的利率。

英国会计准则规定:应付租金应在计入财务费用和减少未来付款的现时义务之间进行分摊。融资租赁的融资费用总额应在租赁期的各会计期间分摊,以使各会计期间未偿付负债承担一个固定的利率或一个合理的近似利率。

综上所述,国际会计准则、美国会计准则、英国会计准则都规定承租人支付的租金中包括本金和利息两部分,支付的利息部分应计为融资费用。融资费用一般应采用实际利率法(或称利息法)在租赁期内各个会计期间进行分摊。考虑到我国的实际情况,在分摊未确认融资费用时,允许承租人在实际利率法、直线法和年数总和法等中进行选择。

我国企业会计准则规定,未确认融资费用应当在租赁期内各个期间进行分摊。承租人分摊未确认融资费用时,可以采用实际利率法,也可以采用直线法、年数总和法等。

6.4.1.5　租赁资产的折旧

承租人融资租入一项固定资产后,应对其计提折旧。国际会计准则规定:融资租赁在每一个会计期间会产生租赁资产的折旧费以及融资费用。租赁资产的折旧政策应采用与企业本身拥有的应折旧资产一致的折旧政策。如不能合理确定承租人在租赁期满后将取得资产的所有权,则资产应在租赁期与使用寿命两者孰短的期限内计提完折旧。

美国会计准则规定:如能合理确定承租人在租赁期满后将取得租赁资产的所有权,承租人应采用与其自有资产折旧政策相一致的方式对租赁资产计提折旧。如不能合理确定承租人在租赁期满后将取得租赁资产的所有权,承租人应采用与其自有资产折旧政策相一致的方式对租赁资产计提折旧，但折旧期为租赁期。

英国会计准则规定：融资租赁的资产应根据租赁期与资产使用年限两者中较短者计算折旧。但是，对于具有融资租赁特征的租购合同，有关资产应按其使用年限计提折旧。

综合上述内容，可以看到，国际会计准则、美国会计准则、英国会计准则都要求融资租入固定资产计提折旧时应采用与自有资产相一致的折旧政策，并且都规定了取得租赁资产所有权和没有取得租赁所有权两种情况下折旧期的确定。计提租赁资产折旧，最关键的问题是确定适当的折旧期限。如果租赁期届满时，租赁资产的所有权转移给承租人或承租人有优惠购买选择权，则在租赁资产的尚可使用年限内，使用权属于承租人，应当在其尚可使用年限内计提折旧；如果承租人仅在租赁期内拥有使用权，租赁期届满后承租人不能再从此项资产受益，根据配比原则和谨慎性原则，只能在租赁期与租赁资产尚可使用年限两者中较短的期间内计提折旧。

本准则规定：计提租赁资产折旧时，承租人应当采用与自有应折旧资产相一致的折旧政策。能够合理确定租赁期届满时将会取得租赁资产所有权的，应当在租赁资产尚可使用年限内计提折旧；无法合理确定租赁期届满时能够取得租赁资产所有权的，应当在租赁期与租赁资产尚可使用年限两者中较短的期间内计提折旧。

6.4.1.6 或有租金

或有租金是指金额不固定、以时间长短以外的其他因素（如销售百分比、使用量、物价指数等）为依据计算的租金。这类租金由于事先难以估计其金额，因此一般都待其实际发生时才加以处理。

国际会计准则没有规定或有租金应如何处理，但明确要求承租人披露已计入当期收益的或有租金。

美国会计准则规定：或有租金在实际发生时应作为费用处理。

英国会计准则没有规定或有租金的会计处理。

鉴于或有租金在实际中时有发生，具体如何处理，应使会计人员明白，因此，本准则规定或有租金应当在实际发生时确认为当期费用。

6.4.1.7 融资租赁的披露

在关于融资租赁的信息披露方面，不同的会计准则存在一些差异。

国际会计准则规定，除按《国际会计准则第 32 号——金融工具：披露和列报》的要求外，承租人应对融资租赁作如下披露：

（1）每类资产在资产负债表日的账面净额；

（2）在资产负债表日对最低租赁付款额总额及其现值之间进行的调节。此外，企业应披露资产负债表日最低租赁付款额在以下期间的总额及其现值：① 不超过 1 年；② 超过 1 年但不超过 5 年；③ 超过 5 年。

（3）在当期收益中确认的或有租金；

（4）资产负债表日根据不可撤销转租合约预期将收到的未来最低转租赁付款总额；

（5）承租人重大租赁安排的一般说明，其内容包括（但不限于）以下方面：① 确定或有租金付款额的基础；② 续租或购买选择权及调整租金条款的存在及其内容；③ 租赁协议规定的限制，如对股利、新的债务和新的承租的限制。

美国会计准则规定，承租人应对融资租赁作如下披露：

（1）资产负债表日按性质或功能分类的资本租赁资产总额；

（2）资产负债表日未来应支付的最低租赁付款额总额，资产负债表日后 5 个会计年度每年将支付的最低租赁付款额；

（3）资产负债表日未来应收的不可撤销转租赁的最低转租赁租金总额；

（4）实际发生的或有租金总额。

英国会计准则规定，承租人应对融资租赁作如下披露：

（1）按资产的主要类别披露融资租赁资产的账面原价及其累计折旧，以及按资产的主要类别披露当期融资租赁资产计提的折旧总额；

（2）资产负债表日未来应付的融资租赁负债的总额（扣除在以后期间分摊的财务费用后的净值）；

（3）下一年应付金额、从资产负债表日起第二至第五年应付金额以及五年后应付总额；

（4）当期分摊的财务费用金额；

（5）资产负债表日已经签订但生效日期却在年度结束后的融资租赁的承诺金额。

借鉴各国和地区的做法，结合我国租赁的实际情况，我国企业会计准则规定，承租人应当对融资租赁作如下披露：

（1）每类租入资产在资产负债表日的账面原值、累计折旧及账面净值；

（2）资产负债表日后连续三个会计年度每年将支付的最低租赁付款额，以及以后年度将支付的最低租赁付款额总额；

（3）未确认融资费用的余额；

（4）分摊未确认融资费用所采用的方法。

6.4.2 承租人对经营租赁的会计处理

6.4.2.1 租金费用的确认和分摊

由于经营租赁实质上并没有转移与租赁资产所有权有关的全部风险和报酬，因此，承租人对经营租赁的处理比较简单，主要问题是应支付的租金与计入当期费用之间的关系。

国际会计准则规定：在经营租赁中，除非另有一种系统方法更能代表使用者受益的时间形态，否则租金应在租赁期内按直线法确认为收益表中的一项费用。

美国会计准则规定：通常，由于经营租赁的租金为应付账款，因此应作为租赁期的费用进行会计处理。即使不是以直线法为基础支付租金，租金费用也应按直线法来确认，如果有另外系统合理的方法更能代表租赁资产的使用收益的时间形态，则可以不用直线法。

英国会计准则规定：经营租赁的租金应按直线法在租赁期内确认为费用，即使租金的支付并不按这一基础。如存在另一种更系统合理的方法，则为例外。

综合以上内容，国际会计准则、美国会计准则、英国会计准则对经营租赁租金会计处理的规定基本相同，均要求支付的租金，应在租赁期限内采用直线法平均计入费用，而不管租金的实际支付是否按直线法进行。这种规定，较好地体现了权责发生制的要求。因此，我国企业会计准则规定：经营租赁的租金应当在租赁期内的各个期间按直线法确认为费用；如果其他方法更合理，也可以采用其他方法。

6.4.2.2 初始直接费用

对于承租人经营租赁的初始直接费用，国际会计准则、美国、英国均没有相关规定。考虑到在实务中，承租人在经营租赁下也可能会发生初始直接费用，本准则专门作了规定。

本准则规定：承租人发生的初始直接费用，应当确认为当期费用。

6.4.2.3　或有租金

对于承租人或有租金的会计处理，国际会计准则、美国会计准则、英国会计准则均没有明确规定，但国际会计准则、美国准则要求披露在当期收益中或有租金及其确定基础。为便于实务操作，也为了与融资租赁的会计处理相一致，本准则对经营租赁下或有租金的会计处理专门作了规定。

本准则规定：或有租金应当在实际发生时确认为当期费用。

6.4.2.4　经营租赁的披露

国际会计准则规定：承租人除按《国际会计准则第 32 号——金融工具：披露和列报》的要求外，还应对经营租赁作如下披露：

① 披露不可撤销经营租赁的未来最低租赁付款额在以下期间的总额：不超过 1 年；超过 1 年但不超过 5 年；超过 5 年。

② 在资产负债表日，预期从不可撤销转租赁中收到的未来最低转租赁付款额总额。

③ 确认在当期收益中的租赁和转租赁付款额，并分别披露最低租赁付款额、或有租金额和转租赁租金额。

④ 承租人重大租赁安排的一般说明，包括(但不限于)以下方面：确定或有租金付款额的基础；续租或购买选择权及调整租金的条款的存在及其金额；租赁协议规定的限制，如对股利、新的债务和新的承租的限制。

美国会计准则规定：对于租赁期超过一年的不可撤销的经营租赁，承租人应披露：① 资产负债表日未来最低租金付款额总额，资产负债表日后连续 5 个会计年度每年须支付的最低租金付款额。② 资产负债表日应收的不可撤销转租赁的最低租金总额。

对于所有经营租赁，均应在各期收益表中列报租金费用，并且单独列报最低租金、或有租金和转租赁租金的金额。但租赁期为一个月或不足一个月的则为例外。

承租人应披露租赁安排的一般说明，主要包括：① 确定或有租金付款额的基础；② 续租、购买选择权及租金调整情况；③ 租赁协议规定的限制，如对股利、新债务和新租赁的限制。

英国会计准则规定，承租人应对经营租赁作如下披露：① 损益表中作为费用列支的经营租赁的租金总额；② 承租人承诺在下一年支付的金额；③ 处理经营租赁所采用的会计政策。

借鉴各国家和地区的做法，结合我国租赁业的实际情况，本准则只要求承租人披露重大经营租赁的未来3年每年将支付的最低租赁付款额的金额以及以后年度将支付的最低租赁付款额的总额。

我国企业会计准则规定，承租人应当对重大的经营租赁作如下披露：

（1）资产负债表日后连续三个会计年度每年将支付的不可撤销经营租赁的最低租赁付款额；

（2）以后年度将支付的不可撤销经营租赁的最低租赁付款额总额。

6.4.3 出租人对融资租赁的会计处理

6.4.3.1 租赁开始日租赁债权的确认

对出租人而言，由于租出资产而获得了一项对承租人的债权，因此，在租赁开始日对租赁债权的确认十分重要。

国际会计准则规定：出租人应在其资产负债表中确认已用于融资租赁的资产，并按等于该租赁项目投资净额的金额将其列作应收款。在融资租赁中，与所有权相关的所有风险和报酬，实质上已被出租人转移，因此，出租人应将应收租金视为对其投资及服务的补偿和回报，作为本金收回和财务收益处理。

美国会计准则分别就销售型租赁和直接融资租赁作出了规定。对于销售型租赁，出租人应按最低租赁付款额（不包括诸如维修费、税金、出租人支付的保险费等履约成本以及由履约成本所产生的任何利润）加上归属于出租人的未担保余值之和记作租赁投资总额。租赁投资总额与租赁投资总额的两个构成部分的现值合计数之间的差额记作未实现收益。根据租赁内含利率计算的最低租赁付款额的现值记作销售价格。租赁资产的成本或账面金额（如果这两者不相同），加上初始直接费用，减去根据租赁内含利率计算的归属于出租人的未担保余值的现值后的余额借记当期费用。

对于直接融资租赁，出租人应将最低租赁付款额（不包括诸如维修费、税金、出租人支付的保险费等履约成本以及由履约成本所产生的任何利润）加上归属于出租人的未担保余值之和记作租赁投资总额，租赁投资总额与租赁资产的成本或账面金额（如果这两者不相同）之间的差额应记作未实现收益。租赁投资净额等于租赁投资总额减去未实现收益。

英国会计准则规定：出租人应将承租人在融资租赁下所欠的款项，按租赁投资净额扣除有关坏账准备和呆账准备后的金额记录为债权。

综合以上规定，可以看出，出租人在租赁开始日的会计处理分为两种类型，一种以美国为代表，采用的是“总额法”，会计处理时需设置“未实现融资收益”账户；另一类是以国际会计准则为代表，采用的是“净额法”，会计处理时不需要设置“未实现融资收益”账户。鉴于总额法相对净额法更能清晰地反映租赁双方的财务状况，相对而言能提供更多的信息，且符合我国广大会计人员的习惯，因此，本准则采用了“总额法”核算租赁债权。

本准则规定：在租赁开始日，出租人应当将租赁开始日最低租赁付款额作为应收融资租赁款的入账价值，并同时记录未担保余值，将最低租赁收款额与未担保余值之和与其现值之和的差额记录为未实现融资收益。

6.4.3.2　初始直接费用

初始直接费用是出租人经常发生的一项费用。

国际会计准则规定：出租人在洽谈和安排租赁时，通常会发生佣金和律师费等初始直接费用。对融资租赁，这些初始直接费用是为形成财务收益而发生的，既可在收益中直接确认为费用，也可以在租赁期内分摊，与财务收益配比。后者可以采用如下方式做到，即在这些初始直接费用发生时将其确认为费用，并将未实现财务收益中相当于初始直接费用的金额在同一期间确认为收益。初始直接费用通常在租赁期开始时确认为费用，因为它们主要与制造商或经销商赚取的销售利润有关。

美国会计准则规定：对销售型租赁，初始直接费用应确认为同期收益；对直接融资租赁，初始直接费用在发生时应借记当期费用。

英国会计准则规定：出租人在安排租赁时所发生的初始直接费用，可按系统合理的方法在租赁期内进行分摊。

综上可以看出，出租人为融资租赁而发生的初始直接费用，在会计上存在直接计入当期费用和在租赁期内进行分摊两种处理方法。从实务操作角度考虑，出租人在融资租赁下发生的初始直接费用，直接确认为当期费用较为简便，不一定采用分摊方式。

我国企业会计准则规定：在租赁谈判和签订租赁合同过程中出租人发生的、可直接归属于租赁项目的初始直接费用，如印花税、佣金、律师费、差旅费等，应当确认为当期费用。

6.4.3.3 未实现融资收益的分配

未实现融资收益的分配，是出租人会计核算的核心内容。国际会计准则规定：财务收益的确认，应按反映出租人在融资租赁中的未收回投资净额能在每个期间获得固定的回报率的模式进行。出租人应按系统而合理的基础将财务收益分摊于租赁期。收益的分摊应按反映出租人在融资租赁中的未收回投资净额能在每个期间获得固定的回报率的模式进行。与会计期间相关，但不包括履约成本的租赁付款额，应冲减融资租赁投资总额，减少本金及未实现财务收益。

美国会计准则规定：未实现收益应在租赁期内分摊计入收益，以使租赁投资净额有一个固定的投资报酬率。但是，如果其他收益确认方法所得出的结果与上述规定的收益确认方法得出的结果不存在重大差异，则也可采用其他收益确认方法。

英国会计准则规定：通常，融资租赁的收益总额应在各会计期间进行分配，以使各期净现金投资额有一个固定的报酬率。对于具有融资租赁性质的租购合同，也可作合理的近似计算。作为一种备选方法，也可先将收益总额中等于出租人在计算净现金投资额时已包括在内的融资费用的估计金额予以分配，余额则按系统的方法进行确认。

综上所述，可以看到，美国会计准则与国际会计准则的规定较有代表性，两者均强调融资收益分摊的结果应使租赁投资净额有一个固定的报酬率。这种方法实际上是指“实际利率法”，其目的是使得租赁各期能够获得稳定的投资报酬率。具体做法是，按照各期末收回租赁投资净额乘以净投资报酬率(即租赁内含利率)来计算确认各期的融资收入。支持使用这种方法的理由主要是：融资租赁的实质，是出租人向承租人提供贷款以赚取收益，因此，出租人应将应收租赁款视为对其投资以及服务的补偿和回报，作为本金回收和融资收入处理。在租赁期间内任何时间的未收回贷款金额即为未收回租赁投资净额的金额。相应地，各期的融资收入也应按照未收回租赁投资净额和租赁内含利率来确定。这种确认各期融资收入的方法考虑了“折现”的因素，也即考虑了货币时间价值的因素，计算比较准确，分配结果较为合理。

国际会计准则与美国会计准则的主要区别在于，美国会计准则允许企业在确认融资收入时采用其他一些方法，而在国际会计准则中则没有规定。结合我国租赁业的实际情况，在与按实际利率法计算的结果无重大差异的情况下，也可以允许企业采用直线法、年数总和法等其他简便的方法。

鉴于以上分析，我国企业会计准则规定：未实现融资收益应当在租赁期内各个期间进行分配。出租人应当采用实际利率法计算当期应确认的融资收入；在与按实际利率法计算的结果无重大差异的情况下，也可以采用直线法、年数总和法等。

6.4.3.4　租金逾期未能收回情况下的会计处理

对于租金逾期未能收回情况下的处理，国际会计准则、美国会计准则、英国会计准则均没有作出相关规定。从我国实际情况看，承租人拖欠租金已成为制约租赁业发展的瓶颈之一，严重影响出租人的资产质量。为了迎接我国加入世界贸易组织后的挑战，进一步改善我国出租人的资产质量，真实地反映其经营成果，有必要根据谨慎性原则，对此作出相应的规定。

本准则规定：超过一个租金支付期未收到的租金，应当停止确认融资收入，其已确认的融资收入，应予冲回，转作表外核算。在实际收到租金时，将租金中所含融资收入确认为当期收入。

6.4.3.5　应收融资租赁款坏账准备的计提

应收融资租赁款作为一项应收债权，也应当计提坏账准备，而不是呆账准备。国际会计准则规定，出租人应披露不可能收回的应收最低租赁付款额的累计准备。

美国会计准则规定，出租人列报的销售型租赁和直接融资租赁的租赁投资净额，应为应收未来最低租赁付款额扣除不可能收回的应收最低租赁付款额的累计准备后的净额。

英国会计准则规定，出租人应将承租人在融资租赁下所欠的款项，按租赁投资净额扣除有关坏账准备和呆账准备后的金额记录为债权。

如前所述，在我国，承租人拖欠租金现象时有发生，因此，根据谨慎性原则的要求，出租人应对应收融资租赁款计提坏账准备。由于对于逾期租金所含融资收入部分已根据谨慎性原则停止确认，所以出租人只需对应收融资租赁款扣除未实现融资收益的差额部分（在金额上等于本金的部分）计提坏账准备。至于坏账准备的计提比例，应允许出租人根据承租人的有关财务及经营管理情况、租金的逾期期限等因素，分析应收融资租赁款的风险程度和回收的可能性合理确定。

我国企业会计准则规定：出租人应当根据承租人的财务及经营管理情况，以及租金的逾期期限等因素，分析应收融资租赁款的风险程度和回收的可能性，对应收融资租赁款减去未实现融资收益的差额部分合理计提坏账准备。

6.4.3.6 未担保余值发生减少的会计处理

由于环境的变化,未担保余值可能发生减少。国际会计准则规定,对于计算出租入融资租赁投资总额的估计未担保余值,应定期查核。如估计未担保余值已经减少,则应修正租赁期内收益的分摊,任何已计提金额的减少应立即确认。

美国会计准则规定,至少每年应检查一次估计余值。如果检查的结果低于以前确定的估计余值,则必须确定估计余值的下降是否为非临时性的。如果估计余值的下降判断为非临时性的,则应采用变更了的估计余值来修改对该交易的会计处理。租赁投资净额的减少应确认为估计变更当期的损失。对估计余值的增加则不应予以调整。

英国会计准则中则均没有相关的规定。

综合以上内容,可以看出,由于未担保余值金额的确定对于租赁的分类、租赁内含利率的计算、未实现融资收益的分配都具有直接的、重要的影响,因此国际会计准则和美国均对未担保余值发生减值的情况作了规定。同时,考虑到未担保余值的减值与其他资产的减值相比稍有不同,它只是针对融资租赁资产的未担保余值部分发生的减少而不是整个融资租赁资产发生减值,因此,这种情况应在本准则中涉及。

我国企业会计准则规定:出租人应当定期对本担保余值进行审核,至少于每年年末检查一次。如有证据表明未担保余值已经减少,应当重新计算租赁内含利率,并将由此而引起的租赁投资净额的减少确认为当期损失,以后各期根据修正后的租赁投资净额和重新计算的租赁内含利率确定应确认的融资收入。如已确认损失的未担保余值得以恢复,应当在原已确认的损失金额内转回,并重新计算租赁内含利率,以后各期根据修正后的租赁投资净额和重新计算的租赁内含利率确定应确认的融资收入。未担保余值增加时,则不作任何调整。

其中,租赁投资净额是指,融资租赁中最低租赁收款额与未担保余值之和与未实现融资收益之间的差额。

6.4.3.7 或有租金

和承租人相对应,出租人同样存在对或有租金的处理问题。国际会计准则未明确规定出租人应如何对或有租金进行会计处理,但规定必须披露在收益中确认的或有租金。

美国会计准则规定：或有租金，包括根据变量（例如基本利率）确定的租金，在成为应收账款时应贷记收益。

英国会计准则均未对此作出明确的规定。

综上所述，或有租金是否发生、金额为多大，都具有不确定性。针对这一特点，国际会计准则和美国会计准则都规定在或有租金实际发生时将之确认为收益，是比较合理的，这也与承租人在或有租金发生时确认为费用相呼应。

本准则规定：或有租金应当在实际发生时确认为当期收入。

6.4.3.8　融资租赁的披露

在所考察的国家和地区的准则中，对融资租赁的信息披露方面在规定上不尽相同。国际会计准则规定，除按《国际会计准则第 32 号——金融工具：披露和列报》的要求外，出租人应对融资租赁作如下披露：

（1）在资产负债表日融资租赁投资总额与应收最低租赁付款额的现值之间进行的调节。此外，企业应披露资产负债表日融资租赁投资总额和应收最低租赁付款额在以下每个期间的现值：① 不超过 1 年；② 超过 1 年但不超过 5 年；③ 超过 5 年。

（2）未实现的财务收益。

（3）应计提为出租人收益的未担保余值。

（4）不可能收回的应收最低租赁付款额的累计准备。

（5）在租赁收益中确认的或有租金。

（6）出租人重大租赁安排的一般说明。

美国会计准则规定，出租人应对融资租赁作如下披露：

（1）资产负债表日销售型租赁和直接融资租赁的租赁投资净额的构成：① 应收未来最低租赁付款额，分别扣除：最低租赁付款额中包含的履约成本，包括由履约成本所产生的任何利润；不可能收回的应收最低租赁付款额的累计准备。② 未担保余值。③ 未实现收益。

（2）资产负债表日后连续 5 个会计年度应收的未来最低租赁付款额；

（3）已确认为当期收益的或有租金总额。

英国会计准则规定，出租人应对融资租赁作如下披露：① 资产负债表日融资租赁和租购合同的投资净额；② 处理融资租赁所采用的会计政策；③ 融资租赁当期应收租金总额；④ 融资租赁资产的购入成本。

借鉴各国和地区的做法，结合我国租赁业的实际情况，本准则规定：出租人应当对融资租赁作如下披露：

（1）资产负债表日后连续三个会计年度每年将收到的最低租赁收款额，以及以后年度将收到的最低租赁收款额总额；

（2）未实现融资收益的余额；

（3）分配未实现融资收益所采用的方法。

6.4.4 出租人对经营租赁的会计处理

出租人对经营租赁的会计处理，主要问题是对经营租赁资产的处理、租金收入的确认和租赁资产折旧的计提。

6.4.4.1 对经营租赁资产的处理

在经营租赁下，租赁资产仍是出租人的资产，应在资产负债表中适当地列报。

国际会计准则规定，出租人应按资产的性质，在其资产负债表上列示用作经营租赁的资产。

美国会计准则规定，租赁资产应包括在资产负债表的固定资产项目之中或靠近固定资产项目的单列项目之中。

英国会计准则规定，出租人用于经营租赁持有的资产应记录为一项固定资产，并按其使用年限计提折旧。

综合以上内容，可以看出，上述会计准则均要求出租人将用作经营租赁的资产包括在资产负债表上的相关项目内。

借鉴各国家和地区的做法，我国企业会计准则规定，出租人应当按照资产的性质，将用作经营租赁的资产包括在资产负债表上的相关项目内。

6.4.4.2 租金收入的确认

租金收入的确认是经营租赁下出租人会计核算的主要问题。国际会计准则规定：经营租赁形成的租赁收益应按直线法在租赁期内确认为收益；如另有一种系统方法更能代表从租赁资产中获取利益递减的时间形态，则为例外。

美国会计准则规定：根据租赁条款应收租金应报告为租赁期间的收益。但是，如果租金是按照直线法确定的，那么也应按照直线法来确认收益，除非另一种系统合理的基础更能够代表租赁资产使用利益递减的时间形态，这种情况下应采用该基础确认收益。

英国会计准则规定：经营租赁的租金收入，应按直线法在租赁期内确认，即使租金的支付不按直线基础。如另有一种系统合理的方法更能代表从租赁资产获取利益的时间形态，则为例外。

综合以上内容，可以看出，国际会计准则、美国会计准则、英国会计准则均要求出租人采用直线法将经营租赁的租金确认为租赁期内各个期间的收入，如果其他方法更合理，也可以采用其他方法。

借鉴各国家和地区的做法，我国企业会计准则规定，经营租赁的租金应当在租赁期内的各个期间按直线法确认为收入；如果其他方法更合理，也可以采用其他方法。

6.4.4.3　初始直接费用

在经营租赁下，出租人也会发生初始直接费用。

国际会计准则规定，为赚取经营租赁的租金收入而特别发生的初始直接费用，可以递延，并按租金收益的确认比例，在整个租赁期内加以分摊；也可以在费用发生的当期确认为费用。

美国会计准则规定，初始直接费用应予以递延并按照确认租金收益的比例在租赁期内进行摊销。但是，如果将发生的初始直接费用借记费用所造成的结果与采用前述规定方法所产生的结果没有实质性差异，也可在其发生时直接借记费用。

英国会计准则规定，出租人在安排租赁时所发生的初始直接费用，可按系统合理的方法在租赁期内分摊。

综合以上内容，可以看出，国际会计准则、美国会计准则、英国会计准则规定出租人在经营租赁下发生的初始直接费用，既可以用分摊的方式，也可以直接计作当期费用。为便于实务操作，出租人在经营租赁下发生的初始直接费用应确认为当期费用。

我国企业会计准则规定，出租人发生的初始直接费用，应当确认为当期费用。

6.4.4.4　租赁资产折旧或摊销

由于用作经营租赁的资产其所有权上的主要风险和报酬并没有转移给承租人，因此出租人仍应对其计提折旧。国际会计准则规定：租赁资产的折旧，应采用与出租人对类似资产通常所采用的折旧政策相一致的政策；折旧费应按《国际会计准则第 4 号——折旧会计》和《国际会计准则第 16 号——不动产、厂场和设备》规定的基础计算确定。

美国会计准则规定，出租人应按正常折旧政策计提租赁资产的折旧，在资产负债表中累计折旧应作为租赁资产的减项。

英国会计准则规定，出租人用于经营租赁的资产应记录为一项固定资产，并按其使用年限计提折旧。

综合以上内容，可以看出，各国家和地区均将出租人经营租赁资产限为固定资产，并按出租人对类似资产通常所采用的折旧政策计提折旧。考虑到我国租赁实务中有些经营租赁资产并不构成企业的固定资产，而是属于流动资产，根据配比原则的要求，也应对该项资产的价值采用合理的方法进行摊销。

我国企业会计准则规定，对于经营租赁资产中的固定资产，应当采用出租人对类似应折旧资产通常所采用的折旧政策计提折旧；对于其他经营租赁资产，应当采用合理的方法进行摊销。

6.4.4.5 或有租金

对于经营租赁或有租金的处理，国际会计准则和美国会计准则均没有明确规定，只强调应加以披露。英国会计准则没有相关规定。

综合以上规定，同时考虑到或有租金的金额不确定，为了与承租人或有租金的会计处理相一致，在实际发生时确认为当期收入是一种较好的处理方法。

我国企业会计准则规定，或有租金应当在实际发生时确认为当期收入。

6.4.4.6 经营租赁的披露

从所考察的国家和地区的准则看，它们对经营租赁的披露均较为详细。

国际会计准则规定，除按《国际会计准则第 32 号——金融工具：披露和列报》的要求外，出租人应对经营租赁作如下披露：

（1）每类资产在资产负债表日的账面总金额、累计折旧额、累计减值损失以及下列各项：① 当期在收益中确认的折旧费；② 当期收益中确认的减值损失；③ 当期在收益中转记的减值损失。

（2）披露不可撤销经营租赁在以下期间的未来最低租赁付款额总额：① 不超过 1 年；② 超过 1 年但不超过 5 年；③ 超过 5 年。

（3）在收益中确认的或有租金总额。

(4) 出租人重大租赁安排的一般说明。

美国会计准则规定出租人应对经营租赁作如下披露:① 经营租赁资产成本和账面金额(如果这两者不相同),以及累计折旧总额。② 资产负债表日不可撤销租赁的未来最低租金,以及资产负债表日后连续 5 个会计年度不可撤销租赁的未来最低租金。③ 已确认为当期收益的或有租金总额。④ 出租人租赁安排的一般说明。

英国会计准则规定,出租人应对经营租赁作如下披露:① 经营租赁资产的原价及累计折旧总额;② 处理经营租赁所采用的会计政策;③ 当期应收租金总额。

借鉴各国家和地区的做法,结合我国租赁业的实际情况,我国企业会计准则规定,出租人应当披露每类租出资产在资产负债表日的账面价值。

6.5　售后租回交易

售后租回交易是一种特殊形式的租赁业务,是指卖主(即承租人)将一项自制或外购资产出售后,又将该项资产从买主(即出租人)手中租回。在这种租赁方式下,卖主同时又是承租人,买主同时又是出租人。承租人通过售后租回交易,在不影响其对租赁物的占有、使用、收益的前提下,将固定资产转变为流动资产,增强了资金的流动性,大大提高了资金使用效率,有力地解决了企业流动资金不足这一难题。无论是在融资租赁还是在经营租赁方式下都有可能出现这种特殊形式的租赁业务,因此,售后租回交易的会计处理应根据其所涉及的租赁类型而定。

在售后租回交易中,资产的售价和租金是相互关联的,一般以一揽子方式谈判和计算,因此资产的出售和租回实质上是同一项交易。这种情况下,出售资产的损益应分期摊销,而不应确认为出售当期的损益。如果将售后租回损益一次确认为出售当期的损益,可能会导致对各期利润的操纵。例如,故意大幅度抬高售价,产生巨额销售收入,同时又以高额租金租回。这种租赁安排对于买主(即出租人)不存在不利影响,但是对于卖主(即承租人)来讲,在出售资产时虽然有巨额销售收入,达到调高利润、粉饰业绩的目的,但这是以未来各期支付高额租金为代价的。反之,故意压低售价,产生巨额亏损,同时又以低价租金租回。这种租赁安排对于买主(即出租人)也不存在不利影响,但是对于卖主(即承租人)来讲,在出售时产生巨额亏损,达到了调低当期利润的目的,以后各期再通过支付较低金额的租金,达到调高各期利润的目的。因此,为了防止承租人利用售后租回交易达到操纵利润的目的,避免承租人各期的损益出现忽高忽低,本准则规定,卖主(即承租人)不得将售后租回损益确认为当期损益,而应予以递延分摊计入各期损益(不论是收益还是损失)。

6.5.1 售后租回交易的分类

售后租回交易由于其实质是一项租赁业务,因此同样存在分类问题。国际会计准则规定:售后租回交易,是指卖主将一项资产出售后又将这项资产租回。租赁付款和售价通常是相互关联的,因为它们是以一揽子方式进行谈判的。售后租回交易的会计处理依所涉及的租赁类型而定。

美国会计准则规定:如果售后租回交易符合了作为资本租赁的任何一条标准,卖主(即承租人)应将该项交易作为资本租赁;否则,应作为经营租赁。如果售后租回交易符合直接融资租赁的确认标准,买主(即出租人)应将该项交易作为购买和直接融资租赁;否则。应作为购买和经营租赁。

英国会计准则规定:卖主(即承租人)应将售后租回交易区分为融资租赁和经营租赁。买主(即出租人)应采用与处理其他租赁相同的方式处理售后租回交易。

综合上述内容,可以看出,各国家和地区实质上都是从承租人的角度,根据租赁业务的性质,将售后租回交易认定为融资租赁或经营租赁;而对出租人来讲,则并不把售后租回交易视为一项新的租赁业务,而是与通常的租赁业务一样,采用相应的租赁分类标准进行分类,因而不存在特殊性。

借鉴各国家和地区的做法,同时为了强调出租人也须对该项租赁业务作出分类,我国企业会计准则规定:承租人和出租人应当将售后租回交易认定为融资租赁或经营租赁。

6.5.2 售后租回交易形成一项融资租赁情况下的会计处理

售后租回交易既可能形成一项融资租赁,也可能形成一项经营租赁。在售后租回交易形成一项融资租赁情况下,需要对未实现的售后租回损益(即售价与账面价值的差额)进行处理。国际会计准则规定。如售后租回交易形成一项融资租赁,销售收入超过账面金额的任何部分,不应立即在卖主兼承租人的财务报表中确认为收益,而是将其递延并分摊于整个租赁期。如租回是一项融资租赁,这种交易是出租人提供资金给承租人并以资产作为担保的一种方式。由于这个原因,把销售收入超过账面金额的部分作为收益是不恰当的。这项超出金额应予递延并分摊于整个租赁期。

美国会计准则规定:如果售后租回交易是一项资本租赁,卖主(即承租人)则应将任何销售利润或损失予以递延,并按租赁资产的摊销比例进行分摊。但是,如果在交易发生时,租赁资产的公允价值低于其折余成本,应立即确认损失,但是确认的最大金额为折余成本与公允价值之间的差额。

英国会计准则规定:如果卖主(即承租人)的售后租回交易形成一项融资租赁,则应将任何形式上的利润或损失(即售价与出售前的账面价值之间的差额)予以递延,并在租赁期与资产的使用寿命两者孰短的期间内在卖主(即承租人)的财务报表中摊销。买主(即出租人)应采用与处理其他租赁相同的方式处理售后租回交易。

综合以上内容,可以看出,对于形成融资租赁的售后租回交易,各国家和地区均规定将交易发生时的任何损益都予以递延并进行分摊(国际会计准则只规定了收益的会计处理而没有规定损失的会计处理),但在分摊的基准及摊销期限上却存在差异:国际会计准则要求在整个租赁期内摊销,美国会计准则要求按租赁资产的摊销比例进行分摊,英国会计准则要求在租赁期与资产的使用寿命两者孰短的期间内摊销。

对形成融资租赁的售后租回交易所产生的损益予以递延,这是因为,在售后租回交易形成一项融资租赁的情况下,卖主(承租人)先把资产销售出去然后再租赁回来,进行交易的目的是为了取得现金流入,在资产出售时可以取得全部价款的现金,而租金则可以分期支付,实质是出租人向承租人提供资金,并以资产作为担保。由于在形成融资租赁的售后租回交易方式下,与资产所有权有关的全部报酬和风险转移给了卖主(即承租人),并且售后租回交易的租金和资产的售价往往是以一揽子方式进行谈判的,应视为一项交易,因此出售资产的损益应与资产的金额相联系。因此,在这种情况下,无论卖主(即承租人)所发生的销售收入高于还是低于出售前资产的账面价值,所发生的收益或损失都不应立即确认为当期损益,而应将其递延并按资产的折旧进度进行分摊,作为折旧费用的调整。

鉴于以上考虑，本准则也采用了将出售损益递延的做法。我国企业会计准则规定：如果售后租回交易形成一项融资租赁，售价与资产账面价值之间的差额应予递延，并按该项资产的折旧过度进行分摊，作为折旧费用的调整；并根据相关规定进行会计处理。

6.5.3 售后租回交易形成一项经营租赁情况下的处理

对于售后租回交易形成一项经营租赁的情况，也存在对出售损益如何处理的问题。

国际会计准则规定：如售后租回交易形成一项经营租赁，而且交易明显是按公允价值达成的，则利润或损失应立即予以确认。如售价低于公允价值，则任何利润或损失应立即予以确认；但若损失将由低于市价的未来租赁付款额补偿时，则应将其递延，并按租赁付款比例分摊于预计的资产使用期限内。如售价高于公允价值，其高出公允价值的部分应予递延，并在预计的资产使用期限内摊销。对经营租赁而言，在售后租回交易发生时，如果资产的公允价值低于账面金额，则相当于公允价值和账面金额之间差额的损失，应立即予以确认。

美国会计准则规定：如果售后租回交易是一项经营租赁，卖主（即承租人）则应将任何销售利润或损失予以递延，并按租金支付比例在预计的租赁资产使用期限内摊销。但是，如果在交易发生时，租赁资产的公允价值低于其折余成本，应立即确认损失，但是确认的最大金额为折余成本与公允价值之间的差额。

英国会计准则规定：如果卖主（即承租人）的售后租回交易形成一项经营租赁，则：① 如果交易明显是按公允价值达成的，则任何利润或损失应立即予以确认；② 如售价低于公允价值，则任何利润或损失应立即予以确认；但若损失将由低于市价的未来租金补偿时，则应将其递延，并在租赁期的剩余期（或减收租金的期间，如果该期间较短的话）内摊销；③ 如售价高于公允价值，其高出公允价值的部分应予递延，并在剩余租赁期间和直至下次重新核定租金（如存在的话）为止的期间两者较短的期间内摊销。

买主（即出租人）应采用与处理其他租赁相同的方式处理售后租回交易。

买主（即出租人）处理售后租回的方法应与其处理其他租赁方法相同，即按出租人的会计处理所规定的方法处理。

综合以上内容，可以看出，对于形成经营租赁的售后租回交易多分为售价等于公允价值、售价高于公允价值和售价低于公允价值三种情况进行了会计处理，但在分摊的基准及摊销的期限上仍存在差异：国际会计准则规定不可补偿的损失在当期确认，可补偿的损失予以递延并按租赁付款额的比例在预计的资产使用期限内摊销，售价高于公允价值的部分应予递延并在预计的资产使用期限内摊销；美国会计准则规定销售损益均按租金的支付比例在预计的租赁资产使用期限内摊销；英国会计准则均规定不可补偿的损失在当期确认，可补偿的损失予以递延并在租赁期的剩余期（或减收租金的期间，如果该期间较短的话）内摊销，售价高于公允价值的部分应予以递延并在租赁期的剩余期和直至下次重新核定租金（如存在的话）为止的期间两者较短的期间内摊销。这种规定实质上是在售后租回交易形成一项经营租赁，并且租金和售价是按公允价值确定的情况下，将售后租回视同为一项正常销售，因此有关出售损益均应立即予以确认。

借鉴各国家和地区的做法，结合中国租赁业的实际情况，为了避免承租人采用售后租回交易形成一项经营租赁作为操纵利润的手段，便于实务操作，本准则对出售损益也采用递延的做法。

我国企业会计准则规定：如果售后租回交易形成一项经营租赁，售价与资产账面价值之间的差额应予递延，并在租赁期内按照租金支付比例分摊，作为租金费用的调整；并根据相关规定进行会计处理。

6.5.4　售后租回交易的披露

对于售后租回交易应披露的信息，国际会计准则规定：出租人和承租人的披露要求，同样适用于售后租回交易。根据有关对重大租赁安排作出的说明规定，应当披露售后租回协议或条款内的特殊或非惯常的规定。此外，售后租回交易也可能符合《国际会计准则第 8 号——当期净损益、重大差错和会计政策变更》第 16 段的单独披露标准。但美国会计准则、英国会计准则均未对售后租回交易的披露作出明确规定。

考虑到售后租回交易是一种特殊的交易，且在我国某些地区十分广泛，为了能够更加客观、真实地反映承租人和出租人的财务状况和经营业绩，有必要对售后租回交易作专门的披露。

我国企业会计准则规定：承租人和出租人除应当按照本准则第 15 条、第 19 条、第 28 条和第 34 条的规定进行披露外，还应当对售后租回合同中的特殊条款作出披露。

6.6 新旧租赁会计准则修订对比

2018 年 12 月 13 日，财政部发布了修订的《企业会计准则第 21 号——租赁》(财会〔2018〕35 号)。在境内外同时上市的企业以及在境外上市并采用国际财务报告准则或企业会计准则编制财务报表的企业，自 2019 年 1 月 1 日起施行；其他执行企业会计准则的企业自 2021 年 1 月 1 日起施行。

2006 年 2 月发布的《企业会计准则第 21 号——租赁》，要求承租人和出租人在租赁开始日，根据与资产所有权有关的全部风险和报酬是否转移，将租赁分为融资租赁和经营租赁。对于经营租赁，承租人在资产负债表中不确认其取得的资产使用权和租金支付义务，导致其财务报表无法全面反映因租赁交易取得的权利和承担的义务；而融资租赁与经营租赁会计处理的差异以及明线划分标准的存在，为实务中构建交易以符合特定租赁的定义创造了动力和机会，从而导致经济实质相同的交易会计处理迥异，降低了财务报表的可比性。

新租赁准则的核心变化是，取消承租人关于融资租赁与经营租赁的分类，要求承租人对所有租赁(选择简化处理的短期租赁和低价值资产租赁除外)确认使用权资产和租赁负债，并分别确认折旧和利息费用。在出租人方面，基本沿袭了原租赁准则的会计处理规定，但改进了出租人的信息披露，要求出租人披露对其保留的有关租赁资产的权利所采取的风险管理战略、为降低相关风险所采取的措施等。

新租赁准则修订的主要内容包括：

(1) 完善租赁的识别、分拆及合并等相关原则。原租赁准则下经营租赁与服务的会计处理方法类似，即使未准确区分也不会造成会计处理结果的重大差异。此次修订要求承租人在资产负债表中确认经营租赁的相关 权利和义务，从而使得租赁与服务的会计处理产生较大差异，在此背景下，准确识别租赁成为需厘清的重要问题。为此，新租赁准则引入了“控制”“已识别资产”等概念，对租赁的识别以及租赁与服务的区分制定了相关指导原则。

此外，新租赁准则对同时包含租赁和非租赁部分的合同的分拆及合同对价分摊、租赁的合并等作出了规定。

(2) 承租人会计处理由双重模型修改为单一模型。原赁准则要求以风险和报酬转移为基础将租赁划分为融资租赁与经营租赁，对经营租赁承租人不确认相关资产和负债。为解决融资租赁与经营租赁的明线划分及会计处理迥异带来的实务问题，新租赁准则取消了承租人的融资租赁与经营租赁分类，要求承租人对除短期租赁和低价值资产租赁以外的所有租赁确认使用权资产和租赁负债，并分别确认折旧和利息费用，即采用与原融资租赁会计处理类似的单一模型。

同时，新租赁准则进一步完善了可变租赁付款额、租赁发生变更等情形的会计处理，并对短期租赁和低价值资产租赁的识别判断及会计处理作出了相应规定。

(3) 改进出租人的租赁分类原则及相关会计处理。新租赁准则总体上继承了原准则中有关出租人的会计处理规定，即保留了融资租赁与经营租赁的双重模型。在分类方面，新租赁准则强调了要依据交易的实质，而非合同的形式，有关融资租赁与经营租赁分类的规定更原则化，并增加了可能导致租赁被分类为融资租赁的其他判断迹象。

同时，根据承租人会计处理的变化，调整了转租出租人对转租赁进行分类和会计处理的有关规定。此外，根据实务需要，增加了对生产商或经销商作为出租人的融资租赁的会计处理规定。

(4) 调整售后租回交易会计处理并与收入准则衔接。根据《企业会计准则第 14 号——收入》的最新修订，新租赁准则对于售后租回交易的会计处理进行了相应调整。即，按照《企业会计准则第 14 号 ——收入》评估售后租回交易中的资产转让是否满足销售的条件：资产转让属于销售的，承租人(卖方)按原资产账面金额中与所保留使用权有关的部分确认和计量 租回形成的使用权资产，并对转让至出租人的权利确认相关利得或损失，出租人按照适用的准则对资产购买进行会计处理，资产出租适用本准则；资产转让不属于销 售的，承租人(卖方)继续确认被转让资产并将取得的转让价款确认为金融负债，出租人(买方)不确认被转让资产，所支付的转让价款确认为金融资产。

(5) 改进承租人后续计量，增加选择权重估和租赁变更情形下的会计处理。原租赁准则未对租赁期开始日后选择权重估或合同变更等情形下的会计处理作出明确规范，导致实务中多有争议且会计处理不统一。

新租赁准则明确规定发生承租人可控范围内的重大事件或变化，且影响承租人是否合理确定将行使相应选择权的，承租人应当对其是否合理确定将行使续租选择权、购买选择权或不行使终止租赁选择权进行重新评估。

(6) 完善与租赁有关的列示和信息披露要求。在承租人方面，新租赁准则根据会计处理模型的变化，对租赁相关的使用权资产、租赁负债、折旧和利息、现金流出等在财务报表中的列示作出了明确规范，并在原准则的基础上对租赁相关的信息披露作了进一步调整完善。

在出租人方面，主要增加了部分信息披露要求，包括出租人对其所保留的租赁资产相关权利进行风险管理的情况，融资租赁的销售损益、融资收益、与未纳入租赁投资净额的可变租赁付款额相关的收入，经营租赁的租赁收入等。

与征求意见稿相比，新租赁准则明确以出让、划拨或转让方式取得的土地使用权不适用租赁；明确了实质性替换权的认定条件；明确构成单独租赁的条件(单独获利及不存在高度依赖或高度关联关系)；删除了对符合投资性房地产定义的使用权资产的计量规 定；以"固定的周期性利率"代替"实际利率"的提法；计入当期损益的可变租赁付款额的表述由"可变租赁付款额(取决于指数或比率的除外)"改为"未纳入租赁负债计量的可变租赁付款额"；修改了低价值资产租赁的判断条件；余值担保改回为担保余值；删除了金额较小的与经营租赁有关的初始直接费用可以在实际发生 时计入当期损益得豁免；增加不追溯调整时在首次执行日应披露的信息的条款。

新租赁准则与《国际财务报告准则第 16 号——租赁》(IFRS 16)趋同。但 IFRS 16 要求，如果承租人采用《国际会计准则第 40 号——投资性房地产》中的公允价值模式计量投资性房地产，则对符合《国际会计准则第 40 号》中投资性房地产定义的使用权资产也应采用公允价值模式进行计量。

6.7 融资租赁资产内含利率应用中的争议

融资租赁资产初始确认和后续摊销是采用同一个"内含利率"还是采用两个不同的"利率"进行核算是本节研究(观点分歧)的焦点所在。本节论述了两种不同观点的依据，举实例比较了两种观点所带来的不同核算结果，最终确定采用同一个"内含利率"更符合财政部会计准则规定要求，并以此为基础设置了相应的账务处理。

6.7.1　争议的焦点

最近，某资产出租公司财务人员在处理固定资产出租业务应用“内含利率”时发生了争议：即对外出租固定资产确认“应收融资租赁款”现值和摊销“未实现融资收益”是采用同一个“内含利率”还是采用两个不同的“利率”进行核算。

第一种观点认为，确认“应收融资租赁款”现值和摊销“未实现融资收益”应采用同一个“内含利率”，其理由有二：一是以会计的“一贯性原则”为依据。同一笔出租业务分两个步骤进行账务处理应坚持前后“一贯”的同一利率进行账务处理①。二是以《企业会计准则第 21 号——租赁》为依据②。确认依据的规定。租赁准则第三十八条规定：“出租人对应收融资租赁款进行初始计量时，应当以租赁投资净额作为应收融资租赁款的入账价值。租赁投资净额为未担保余值和租赁期开始日尚未收到的租赁收款额按照租赁内含利率折现的现值之和”。摊销依据的规定。租赁准则第三十九条规定：“出租人应当按照固定的周期性利率计算并确认租赁期内各个期间的利息收入。该周期性利率，是按照本准则第三十八条规定所采用的折现率，或者按照本准则第四十四条规定所采用的修订后的折现率”。可见，租赁准则第三十八条规定，确认“应收融资租赁款”时采用“内含利率”，第三十九条规定，摊销“未实现融资收益”转为各期“利息收入”时采用“周期性利率”，但该周期性利率仍然是第三十八条规定的“内含利率”或第四十四条规定的“修订后的折现率”。而四十四条指的是“融资租赁的变更”情况，不是本研究论述的情形。

第二种观点认为，确认“应收融资租赁款”现值时使用一个利率，摊销“未实现融资收益”再使用一个不同利率。其理由有二：确认“应收融资租赁款”现值应是一个与未来相关的折现利率。租赁准则应用指南指出：第三十八条规定的“租赁内含利率，是指使出租人的租赁收款额的现值与未担保余值的现值之和（即租赁投资净额）等于租赁资产公允价值与出租人的初始直接费用之和的利率”。这一规定中“租赁资产公允价值”应该是考虑未来租金收益而按折现率折算的现值。这是第一种“利率”。而推销“未实现融资收益”是要将确认“应收融资租赁款”现值时产生的“未实现融资收益”在租赁期内按“周期性利率”摊销转换为“利

① 朱学义、高玉梅、吕延荣：《中级财务会计（第 6 版）》，机械工业出版社 2021 年版。

② 中华人民共和国财政部：《企业会计准则 2020 年版》，立信会计出版社 2020 年版。

息收入”，这种“周期性利率”不等于第三十八条规定的“租赁内含利率”。如果一定要按第三十八条规定的“租赁内含利率”去分摊，则“未实现融资收益”不能精确地分摊于各期，可能产生较大（极大）的偏差。所以，用两个利率就不会出现这个问题。租赁准则第四十二条规定：“生产商或经销商作为出租人的融资租赁，在租赁期开始日，该出租人应当按照租赁资产公允价值与租赁收款额按市场利率折现的现值两者孰低确认收入”。这一规定虽然指生产商或销售商的融资租赁，但使用了“市场利率折现的现值”的概念，和笔者确认租赁资产公允价值应“考虑未来租金收益而按折现率折算现值”的做法有异曲同工之意。初始计量和后续计量一般是有差别的。租赁准则多处指出：“出租人取得的未纳入租赁投资净额计量的可变租赁付款额应当在实际发生时计入当期损益”（第四十一条）；“融资租赁发生变更且同时符合”一定“条件的，出租人应当将该变更作为一项单独租赁进行会计处理”（第四十三条）。租赁准则应用指南在“融资租赁的后续计量”中规定：“纳入出租人租赁投资净额的可变租赁付款额只包含取决于指数或比率的可变租赁付款额。在初始计量时，应当采用租赁期开始日的指数或比率进行初始计量。出租人应定期复核计算租赁投资总额时所使用的未担保余值。若预计未担保余值降低，出租人应修改租赁期内的收益分配，并立即确认预计的减少额。出租人取得的未纳入租赁投资净额计量的可变租赁付款额，如与资产的未来绩效或使用情况挂钩的可变租赁付款额，应当在实际发生时计入当期损益”。从这些规定中不难看出，后续计量不同于初始计量的情况是：初始计量未考虑（未纳入）计量的内容；后续情况的变更；后续期末对原来“预计”数额的调整等。会计人员对这些变化要进行“客观”反映（会计客观性原则的要求），不能死守会计“一贯性”原则。

以上两种观点哪一种正确呢？还是两种意见都正确呢？这要通过实例进行具体分析才能得出正确结论。

6.7.2 案例剖析

【例 1】 2013 年 1 月 1 日，蟠开蜂峰融资租赁公司将 W 型全新机械设备一套出租给城东湖阳机械厂使用，这套设备账面价值 500 000 元，公允价值 464 388元。租赁合同规定，设备预计使用年限 10 年，租赁期 8 年，合同折现率 7%；城东湖阳机械厂应于每年年末向蟠开蜂峰融资租赁公司支付租赁费 77 000 元；设备租赁 8 年期满时，估计设备余值 79 000 元，城东湖阳机械厂担保设备余值(即担保余值)的 90%计 71 100 元(79 000×90%),未担保余值 7 900 元(79 000－71 100)由蟠开蜂峰融资租赁公司自身承担。设备租赁期满后返回给蟠开蜂峰融资租赁公司。蟠开蜂峰融资租赁公司在洽谈租赁业务中支付谈判费、印花税、差旅费等初始直接费用 835 元。

6.7.2.1　采用一个利率核算

(1) 确定"应收融资租赁款——租赁收款额"

租赁准则应用指南指出,在租赁期开始日,"出租人对应收融资租赁款进行初始计量时,应当以租赁投资净额作为应收融资租赁款的入账价值。租赁投资净额为未担保余值和租赁期开始日尚未收到的租赁收款额按照租赁内含利率折现的现值之和",它"等于租赁资产公允价值与出租人的初始直接费用之和"。根据这一规定,设租赁内含利率为 r,利用例 1 相关数据,求解 r,方程如下。

$$77\ 000 \times \frac{1-(1+r)^{-8}}{r} + 71\ 100 \times (1+r)^{-8} + 7\ 900 \times (1+r)^{-8} = 464\ 388 + 835$$

解上述方程,r＝9.032 326 6%。

"应收融资租赁款——租赁收款额"入账价值＝租赁期间应收租赁款＋担保余值＝77 000×8＋71 100＝687 100(元);

"应收融资租赁款——未担保余值"入账价值＝租赁期满时未担保余值＝7 900(元);

"资产处置损益"入账价值＝租赁资产公允价值－租赁资产账面价值＝464 388－500 000＝35 612(元);

"应收融资租赁款——未实现融资收益"入账价值＝租赁收款额＋未担保余值＋资产处理损益－租赁资产账面价值－初始直接费用＝687 100＋7 900＋35 612－500 000－835＝229 777(元)。

(2) 摊销"未实现融资收益"

蟠开蜂峰融资租赁公司对租赁资产进行初始计量时确认产生的"未实现融资收益"为 229 777 元,要将 229 777 元采用租赁内含利率 9.032 326 6%在租赁期间分 8 年摊销完毕。

第 1 年年末,摊销"未实现融资收益"＝(租赁设备公允价值＋初始直接费用)×租赁内含利率＝(464 388＋835)×9.032 326 6%＝465 223×9.032 326 6%＝42 020.46(元);

第 1 年年末,计算融资租赁摊余价值＝上年末未收融资租赁债权－(当年租赁收款额－当年确认的利息收入）＝465 223－（77 000－42 020.46）＝430 243.46（元）；

第 2 年年末，摊销“未实现融资收益”＝上年末未收融资租赁债权×租赁内含利率＝430 243.46×9.032 326 6％＝38 860.99（元）；

第 2 年年末，计算融资租赁摊余价值＝上年末未收融资租赁债权－（当年租赁收款额－当年确认的利息收入）＝430 243.46－（77 000－38 860.99）＝392 104.45（元）；

……

（3）核算结果归纳

从以上确认和摊销结果看，利用例 1 数据确定的租赁内含利率 9.032 326 6％，在各年摊销“未实现融资收益”时仍使用这一利率，最终使各年的摊销总额达到 229 777 元。

6.7.2.2 采用两个利率核算

（1）确定“应收融资租赁款——租赁收款额”

持两个利率观点的财务人员认为，租赁期开始日对应收融资租赁款进行初始计量时，应采用租赁合同规定的折现率 7％，其他数据同例 1，则有如下计算公式和结果。

$$\begin{array}{c}\text{各年末应}\\\text{收租赁款}\end{array}\times\begin{array}{c}\text{年金现}\\\text{值系数}\end{array}+\begin{array}{c}\text{租赁期满时}\\\text{担保余值}\end{array}\times\begin{array}{c}\text{第 8 年末}\\\text{现值系数}\end{array}+\begin{array}{c}\text{租赁期满时}\\\text{未担保余值}\end{array}\times\begin{array}{c}\text{第 8 年末}\\\text{现值系数}\end{array}$$

$$=77\ 000\times5.971\ 3+71\ 100\times0.582\ 0+7\ 900\times0.582\ 0$$

$$=459\ 790.10+41\ 380.20+4\ 597.87$$

$$=501\ 170.30+4\ 597.87$$

$$=505\ 768.17\text{（元）。}$$

计算结果表明，租赁资产按租赁期折现率 7％确认的现值＝租赁期间应收租赁款现值＋担保余值现值＝459 790.10＋41 380.20＝501 170.30（元），则：

“应收融资租赁款——租赁收款额”入账价值＝租赁期间应收租赁款＋担保余值＝77 000×8＋71 100＝687 100（元）；

“应收融资租赁款——未担保余值”入账价值＝租赁期满时未担保余值＝7 900（元）；

“资产处置损益”入账价值＝租赁资产按租赁期折现率 7％确认的现值－租赁资产账面价值＝501 170.30－500 000＝1 170.30（元）；

“应收融资租赁款——未实现融资收益”入账价值＝租赁收款额入账价值＋未担保余值－资产处理损益－租赁资产账面价值－初始直接费用＝687 100＋7 900－1 170.30－500 000－835＝192 994.70(元)。

(2) 摊销“未实现融资收益”

蟠开蜂峰融资租赁公司对租赁资产进行初始计量时确认产生的“未实现融资收益”为 192 994.70 元，租赁投资净额＝租赁资产按租赁期折现率 7%确认的现值＋初始直接费用＝501 170.30＋835＝502 005.30 元，要计算第二个“周期性利率”，将 502 005.30 元等摊余价值按“周期性利率”在租赁期间分 8 年摊销至租赁期满估计设备余值 79 000 元为止，此时，累计摊销额正好等于 192 994.70 元。计算公式如下：

应收租赁款现值＋担保余值现值＋未担保余值现值＝租赁资产按折现率计算的现值＋初始直接费用

$$77\ 000\times\frac{1-(1+r)^{-8}}{r}+71\ 100\times(1+r)^{-8}+7\ 900\times(1+r)^{-8}$$

$$=501\ 170.30+835=502\ 005.30(\text{元})。$$

解上述方程，$r=7.17805825\%$。

第 1 年年末，摊销“未实现融资收益”＝(租赁资产按折现率计算的现值＋初始直接费用)×租赁内含利率＝(501 170.30＋835)×7.178 058 23%＝502 005.30×7.178 058 23%＝36 034.23(元)；

第 1 年年末，计算融资租赁摊余价值＝上年末未收融资租赁债权－(当年租赁收款额－当年确认的利息收入)＝502 005.30－(77 000－36 034.23)＝461 039.53(元)；

第 2 年年末，摊销“未实现融资收益”＝上年末未收融资租赁债权×租赁内含利率＝461 039.53×7.178 058 25%＝33 093.69(元)；

第 3 年年末，计算融资租赁摊余价值＝上年末未收融资租赁债权－(当年租赁收款额－当年确认的利息收入)＝461 039.53－(77 000－33 093.69)＝417 133.22(元)；

……

(3) 核算结果归纳

从以上确认和摊销结果看，首先，利用例 1 数据和租赁合同确定的折现率 7%(第一个利率)确定的租赁资产现值为 501 170.30 元。这一数值不同于租赁资产公允价值 464 388 元。前者是考虑租赁资产未来收益的现值，后者是租赁资产在当前市场抛售的脱手价值(《企业会计准则第39号——公允价值计量》第十六条确定的专业术语),是一个变现净值。其次,各年摊销“未实现融资收益”时使用第二个利率7.178 058 25%,它不同于第一个利率7%。因为第一个利率是租赁合同确定租赁资产价值时出租方和承租方共同拟定的利率,是“合同折现率”,而第二个利率是摊销“未确认融资收益”时重新计算的“周期性利率”。第一个利率7%和第二个利率7.178 058 25%很相近,比第一种方法使用一个利率9.032 326 6%要平缓得多。

6.7.3 研究结论——采用一个利率核算

6.7.3.1 研究结果的比较

采用一个利率和采用两个利率区别点比较,见表6-1。

表6-1 出租人融资租赁采用一个利率和采用两个利率区别点比较表

单位:元

项目	在一个利率下 (9.032 326 6%)	在两个利率下 (7%,7.178 058 25%)
1. 租赁资产公允价值	464 388	
2. 租赁资产现值		501 170.30
3. 租赁资产账面现值	500 000	500 000
4. 资产处置损益=1或2-3	-35 612	1 170.30
5. 摊销“未实现融资收益”总额	229 777	192 994.70

从表6-1可见,采用一个利率和采用两个利率核算出租人融资业务主要有三点不同。一是利率不同;二是租赁资产处置损益不同,在一个利率下,由于租赁资产公允价值(市场脱手价值)464 388元,小于账面价值500 000元,产生资产处置损失35 612元;在两个利率下,由于考虑了出租资产未来收取的租金等因素,租赁资产按合同折现率确认的现值为501 170.30元,大于账面价值500 000元,产生资产处置收益1 170.30元;三是摊销“未实现融资收益”总额不同:在一个利率下摊销“未实现融资收益”总额为229 777元,大于两个利率下摊销总额192 994.70元,两者相差36782.30(229 777-192 994.70),正好是两种方法“资产处置损益”之和(35 612+1 170.30=36 782.30)。因此,两种不同方法最根本

的差别是租赁资产初始确认产生的“资产处置损益”以及租赁期间各期摊销额。哪种方法更符合会计准则规范呢？争议的结论是：采用一种折现率更符合会计准则及应用指南的规定。

6.7.3.2　采用一个利率的理由

（1）确认租赁资产处置损益的唯一性。租赁准则应用指南规定：出租人在租赁开始日确认租赁收款额等账务处理时，要按“融资租赁方式租出资产的公允价值与账面价值的差额，借记或贷记‘资产处置损益’科目”。在一个利率下，租赁资产确认时正是按租赁资产公允价值（市场变现净值）464 388 元减去租赁资产账面价值 500 000 元，得出“资产处置损益”为－35 612 元（464 388－500 000）的结论。租赁准则应用指南例 46、例 47 就是采用了一个租赁内含利率进行初始确认和未实现融资收益的摊销。利率的唯一性是正确核算租赁资产处置收益的基础。

（2）公允价值计量层次的排序性。《企业会计准则第 39 号——公允价值计量》第二十四条规定：“企业应当将公允价值计量所使用的输入值划分为三个层次，并首先使用第一层次输入值，其次使用第二层次输入值，最后使用第三层次输入值”“第一层次输入值是在计量日能够取得的相同资产或负债在活跃市场上未经调整的报价”“第二层次输入值是除第一层次输入值外相关资产或负债直接或间接可观察的输入值”。根据公允价值准则规定，出租人计量“租出资产公允价值”时，首先要使用公允价值“第一层次输入值”，也就是使用出租资产“在活跃市场上未经调整的报价”464 388 元。如果没有活跃市场报价才使用“第二层次”的公允价值，根据租赁资产未来收益情况“间接”计算租赁资产现值 501 170.30元。采用“一个利率”更符合公允价值计量的第一层次性。虽然采用两个利率核算的租赁资产现值一具合理性，但合法性优先于合理性。

（3）必要的说明。前述例 1 业务内容采用一个利率核算是正确的，是符合准则规定的。但是，这不是完全否定“两个利率”的应用。当融资产租赁初始计量时对未来情况有时难以预测、后续情况预计会发生变更，或后续期末因环境变化对初始确认进行调整等，仍然需要采用“两个利率”进行核算。

6.7.3.3　采用一个利率的账务处理

仍以上述例 1 为基础，再增加完整的其他核算内容：蟠开蜂峰融资租赁公司租赁合同履行到 8 年租赁期满，收回租赁设备时发现，该租赁设备实际价值仅有

66 000 元，比原估计余值 79 000 元低 13 000 元(79 000－66 000)。其中，90％的损失 11 700 元(13 000×90％)由承租方——城东湖阳机械厂承担，其余 10％的损失 1 300 元(13 000×10％)由出租方——蟠开蜂峰融资租赁公司自身承担(作未担保余值减值处理)。在与承租方联系后，蟠开蜂峰融资租赁公司收到城东湖阳机械厂补付的担保余值的差额 10 800 元(71 100－61 000×90％)。蟠开蜂峰融资租赁公司(出租方)采用一个利率进行账务处理的过程如下：

(1) 应承租人要求，蟠开蜂峰融资租赁公司购入 W 型全新机械设备，付款 500 000 元时：

借：融资租赁资产　　　　500 000

　贷：银行存款　　　　　　500 000

(2) 融资租出固定资产时，蟠开蜂峰融资租赁公司确认应收融资租赁款的入账价值 687 100 元(77 000×8＋71 100)，未担保余值入账价值 7 900 元，资产处置收益－35 612 元(租赁资产公允价值如 464 388 元－租赁资产账面价值 500 000元)，初始直接费用 835 元(用银行存款支付)，未实现融资收益 229 777 元，账务处理如下：

借：应收融资租赁款——租赁收款额　　　　687 100

　　　　　　　　　——未担保余值　　　　　7 900

　资产处置损益　　　　35 612

　贷：融资租赁资产　　　　500 000

　　银行存款　　　　835

　　应收融资租赁款——未实现融资收益　　　　229 777

(3) 第 1 年年末收到融资租赁费 77 000 元时(以后各年末收到融资租赁费的会计分与此相同)：

借：银行存款　　　　77 000

　贷：应收融资租赁款——租赁收款额　　　　77 000

8 年租赁期满，蟠开蜂峰融资租赁公司共收至融资租赁费 616 000 元(77 000×8)，也就是税，“应收融资租赁款——租赁收款额”贷方累计 616 000 元，借方最初入账额 687 100 元后，两者相抵减产生借方余额为 71 100 元。这一数据正好等于当初城东湖阳机械厂所确定的担保余值 71 100 元。

(4) 每年年末，蟠开蜂峰融资租赁公司按“实际利率法”(租赁内含利率)摊销未实现融资租赁收益，编制未实现融资租赁收益摊销表，如表 6-2 所示。

表 6-2　“应收融资租赁款——未实现融资收益”摊销表

（实际利率法——租赁内含利率 9.032 326 6%）　　　　单位：元

年份	应收融资租赁款	未实现融资收益摊销额	租赁负债偿还额	未收融资租赁债权
	(1)	(2)＝上年末(5)×9.032 326 6%	(3)＝(1)－(2)	(5)＝上年末(5)－(3)
0				465 223
1	77 000	42 020.46①	34 979.54	430 243.46②
2	77 000	38 860.99	38 139.01	392 104.46
3	77 000	35 416.16	41 583.84	350 520.61
4	77 000	31 660.17	45 339.83	305 180.78
5	77 000	27 564.92	49 435.08	255 745.70
6	77 000	23 099.79	53 900.21	201 845.49
7	77 000	18 231.34	58 768.66	143 076.83
8	77 000	12 923.17	64 076.83	79 000.00
合计	616 000	229 777.00	386 223.00	—

①＝465 223×9.032 326 6%＝42 020.46(元)。

②＝465 223－34 979.54＝430 243.46(元)。

③第 1 年年末，蟠开蜂峰融资租赁公司根据表 6-2 中“未实现融资收益摊销额”数据 42 020.46 元编制如下会计分录(以后每年年末的会计分录与此相同)：

借：应收融资租赁款——未实现融资收益　　　　42 020.46

　贷：租赁收入　　　　　　　　　　　　　　　　　42 020.46

蟠开蜂峰融资租赁公司经过 8 年摊销，“应收融资租赁款——未实现融资收益”账户借方累计发生 229 777 元，正好与贷方最初入账额 229 777 元相等。

(5) 蟠开蜂峰融资租赁公司在第 8 年租赁期满收回设备时发现，设备耗损过度，经评估专家评估，该租赁设备的市场价值仅有 66 000 元，比当初估计原值 79 000 元低 13 000 元。

蟠开蜂峰融资租赁公司经与城东湖阳机械厂联系、协商，城东湖阳机械厂按租赁合同约定，愿意承担损失的 90%，补付差额 11 700 元(13 000×90%)。该补偿款蟠开蜂峰融资租赁公司已收存银行。另 10%的损失 1 300 元(13 000×10%)由蟠开蜂峰融资租赁公司自身承担，作未担保余值减值损失处理。蟠开蜂峰融资租赁公司在第 8 年租赁期满时收回设备并收到补偿损失时分别作如下会计分录：

借：资产减值损失　　1 300

　贷：未担保余值减值准备　　1 300

借：银行存款　　11 700

　贷：应收融资租赁款——租赁收款额　　11 700

（6）租赁期满，在收回设备记入“融资租赁资产”的同时注销有关账户余额：“应收融资租赁款——租赁收款额”账户借方余额 59 400 元，“应收融资租赁款——未实现融资收益”账户贷方无余额，“未担保余值”账户借方余额 7 900 元，“未担保余值减值准备”贷方余额 1 300 元。蟠开蜂峰融资租赁公司作如下会计分录：

借：融资租赁资产　　66 000

　　未担保余值减值准备　　1 300

　贷：应收融资租赁款——租赁收款额　　59 400

　　　　　　　　　　——未担保余值　　7 900

上述分录中“应收融资租赁款——租赁收款额”59 400 元＝当初担保余值 71 100 元－第 8 年租赁期满时贬值赔偿 11 700 元。这表明，设备租赁期满时承租人担保的设备损失已得到补偿。蟠开蜂峰融资租赁公司收回设备后，记入“融资租赁资产”账户借方的金额为 66 000 元，要将此金额扣除预计净残值现值后分两年平均计提折旧。

第 7 章

研究结论与展望

7.1 主要结论

随着中国经济的快速发展，一方面，中国商用车融资租赁业务蓬勃发展，另一方面与其相对应的信用风险防范措施却实施得不到位甚至缺失。鉴于此，本研究在融资租赁风险管理的分析框架下，运用大数据系统回顾了汽车融资租赁在国内外的发展历程，详细分析了当前我国汽车融资租赁的市场环境、经营模式以及面临的主要风险，聚焦于商用车融资租赁面临的信用风险类型及成因构建了信用风险分析模型，并依据国内汽车制造业某知名商用车融资租赁公司的大数据进行商用车融资租赁信用风险的实证分析，进而从理论分析与实证分析两个维度去探究商用车融资租赁信用风险的成因，形成相关的研究成果，并应用于行业实践。在此基础上，通过比较分析，对融资租赁会计准则相关热点问题进行比较研究，对准则出台的背景、意义、范围、会计分录以及内含利率应用中的争议进行了细致的分析，为有效推动融资租赁业务会计计量核算提供理论支撑。

主要结论：

(1) 汽车融资租赁是以汽车为租赁标的物的融资租赁活动，承租方为汽车消费者、出租方为汽车融资租赁公司。汽车融资租赁、汽车信贷是汽车金融的两种典型模式。商用车融资租赁，是相对于乘用车融资租赁而言的，是按车辆属性进行的分类。商用车，在设计和技术特征上，是专门用于运送人员和货物的汽车。商用车一般为营运性质，为营运收益购车；乘用车一般为非营运性质，为消费使用购车。商用车中又可划分为客车和货车两大类。商用车融资租赁则是以商用车为租赁标的物的融资租赁活动。

商用车融资租赁与传统意义上的经营租赁存在以下不同之处：① 程序不同，经营租赁是由出租方先购买汽车再寻找承租方，融资租赁则是由承租方先提出购车要求或直接从供应商处选定再由出租方支付资金。② 目的不同，承租方通过经营租赁是为获取汽车的短暂使用权，融资租赁下承租方主要是为购买汽车进行融资。③ 期限不同，经营租赁通常期限较短，融资租赁期限较长（接近汽车的生命周期）。④ 合同权责不同，经营租赁合同通常可提前撤销，融资租赁合同通常不可撤销，同时关于汽车的维修保养，经营租赁、融资租赁分别由出租方和承租方承担。⑤ 期满设备处置不同，经营租赁由出租方收回，融资租赁可通过续租、购买、退还等方式处理汽车。⑥ 总额不同，经营租赁租金总额相对较小，融资租赁总额相对较大（接近汽车的本身价值）。⑦ 实质不同，经营租赁仅转移了汽车的使用权，融资租赁实质是转移了汽车的全部报酬和风险。

（2）由于商用车性质的特殊性，商用车融资租赁风险不容小觑，在实际业务操作过程中存在很多问题。

① 有别于乘用车辆，商用车尤其是物流企业车辆，其承接业务活动范围广，难以监测其运行轨迹及联系承租人，一旦车辆出险，寻找租赁物的难度大。

② 商用车使用需要一定资质，多地物流车辆需要以企业的名义上牌，取得运营资质，因此产生商用车特有的挂靠关系。在实际业务操作过程中需要厘清承租人、挂靠公司及租赁公司之间的关系，明确相互间的法律关系，在相关法律文本中明确权责利，避免在车辆权属等问题上产生争议，为后续出险车辆的处置问题埋下隐患。

③ 车辆交易处置没有整合平台。不同于乘用车辆有较完善的车辆交易平台，有成熟的车辆价值评估标准，商用车处置的受众受限，且其价值评估未有成熟的标准，在二手车处置上存在较大争议，使得租赁物处置难度大。

④ 商用车辆折旧程度参差不齐，由于其运输货物及跑车范围不定，对于车辆的折旧有很大的影响，车辆折损程度与其运营情况有很大的相关性，在确定车辆的折旧方式及计量方式上存在较大争议，这对租赁公司确定合作方案有很大影响，也对租赁公司对其租赁资产的评估准确性影响重大，使其对于租赁资产的盘活受限。同时，相较于其他做大型设备的租赁公司而言，车辆租赁公司的自身融资受限，资产评估折扣力度极大，加重融资租赁公司的运营压力。

⑤ 商用车购买者群体的征信水平以及还款能力相对于乘用车普遍偏低。乘用车的购买者多是用于消费，而商用车的购买者则是把它作为生产工具。且购买主力军多为农村人口或个体工商户，征信水平偏低。主要承接零散货物，业

务扩张难度相对大，在议价能力方面较弱，产业链上游大幅度压缩其盈利空间，资金流不稳定且成本较高，几乎无法在市面上进行直接融资，客户的还款意愿和还款能力受诸多因素影响。

(3) 2017 年，全球汽车租赁市场规模超过 1 500 亿美元。从业务形式来看，国外汽车租赁企业已经开拓了相当数量的业务渠道和服务形式。在经营性租赁的基础上，同时开展融资性租赁、二手车销售、车辆保险等多种与之相关的业务。特别是二手车销售成为其重要业务之一，并且通过该业务的开展，使之有效扩大了自身车辆更新的空间。从利润水平来看，欧洲汽车租赁行业的总体利润水平在 5%左右，美国汽车租赁行业总体利润水平在 7%左右，均高于汽车销售行业的 4.46%，从纵向趋势上看已经基本保持稳定。综合以上几种情况可以看出，汽车租赁行业在国外发达国家已经普遍处在行业生命周期中的成长期向成熟期的过渡阶段。从整体分布来看，当前在全球千亿美元的汽车租赁业务中，以欧美国家租赁市场发展最为成熟。全球汽车租赁行业的运营车辆的保有及年需求总数约为 300 万辆。

2003 年 11 月，中国银行业监督管理委员会正式发布《汽车金融公司管理办法》，正式对汽车金融公司的设立、出资条件以及功能定位等作出了规定。其中提到《汽车金融公司管理办法》的出台主要是为适应汽车金融服务业发展的需要，规范经营汽车金融业务的非银行金融机构的行为，中国银行业监督管理委员会负责对汽车金融公司的监督管理。《汽车金融公司管理办法》的颁布实施是我国履行加入世界贸易组织有关承诺、规范汽车消费信贷业务管理的重要举措，对培育和促进汽车融资业务主体多元化、汽车消费信贷市场的专业化产生了积极和深远的影响，并对促进我国汽车产业发展、推动国民经济持续健康发展等各方面都发挥了积极的作用。

(4) 中国商用车 1953—1982 年为发展期，我国商用车实现了从无到有，中型商用车得到了发展；1983—2008 年为引进期和成长期，引进奥地利斯太尔重型汽车、奔驰、五十铃、德国尼奥普兰、瑞典沃尔沃、斯堪尼亚、日本三菱、日野、丰田以及韩国大宇等项目，实现了中国商用车“重、中、轻、微、客”全面发展；2009—2019 年为壮大期，实现了从有到大，中国商用车以自主开发、技术引进、合资合作、兼并等方式，在商用车产品领域实现了快速发展；2020—2030 年为高质量发展期，力争实现商用车从大到强的高质量发展。OICA 数据显示，2012—2020 年全球商用车产量整体呈现先增后减的趋势。2020 年受到新冠疫情影响，全球商用车产量大幅度下降，全年共生产商用车 2178.71 万辆。从中国产量占比情况来看，2015—2020年，中国商用车产量占全球比重整体呈上升趋势，2020年产量占比达24%。

(5) 利用大数据挖掘技术，从B融资租赁公司商用车的海量业务数据中，通过迭代分析、查找计算选取了12 343份合同样本，时间区间从2013年到2021年。在系统、全面、科学选取相关指标的基础上，结合B融资租赁公司业务实际情况和可得数据情况，本研究将选取逾期责任主体、是否担保、融资期限、是否GPS、首付比例、保证金比例等15个指标作为初始指标体系，通过多元线性回归方法检验融资租赁逾期率的影响因素和影响效果。研究发现：

① 责任主体变量的回归结果。责任主体变量的系数符号为负，并在1%的水平上统计显著，这说明法务部分管理的逾期相对于金融部门要严重得多。B公司规定，金融部门负责逾期一期，法务负责二期及以上，随着逾期时间的延长，逾期金额和逾期月份肯定会增加。可见，金融部门是有效管理逾期的第一屏障，要用尽办法包括但不限于电话催收、上门催收等，将逾期金额控制在较短期限内解决。

② 主机厂是否担保变量的回归结果。主机厂是否担保变量与因变量在1%的水平上显著正相关，说明，主机厂担保意愿越高，客户逾期程度越高，之前的假设得到了验证。主机厂担保一方面促进销售业务提升，但同时也带来了逾期风险，随着B公司商用车品牌知名度的提高，应该主动降低主机厂担保行为，按照金融市场的一般规律，引入第三方采用免担保业务，降低金融风险。

③ 销售模式变量的回归结果。销售模式变量的回归系数与因变量在5%和10%的水平上显著正相关，说明直销模式产生的逾期要小于经销模式，之前的假设没有得到验证。这在一定程度上说明B公司有待进一步加强经销渠道的管理，加大对经销商准入的门槛条件，做大做优经销商体系。经销商实力变量的回归系数在模型1和模型2中与解释变量在1%的水平上显著负相关，说明经销商实力越强，金融逾期越小，进而又进一步支撑了前面的实证结果和原因解释。B公司加强经销商的规模、实力建设刻不容缓。

④ 销售区域变量的回归结果。销售区域变量与逾期金额比例在1%的水平上显著负相关，与逾期月份比例在1%的水平上显著负相关，这说明，销售区域影响金融逾期，区域经济状况好的地方，金融逾期就小，区域经济状况不好的地方，金融逾期就差，验证了前面的假设。一般而言，经济好的地方市场化程度也高，模型1和模型2中市场化程度变量与因变量在1%的水平上显著正相关，说明市场化程度越高，金融逾期越低。

⑤ 车辆类型、是否上牌变量的回归结果。车辆类型、是否上牌变量回归的符号均为负,但显著性不同,是否上牌变量与因变量在1%的水平上显著负相关,但车辆类型与因变量显著性不强,这在一定程度上可以说明,上牌车辆比不上牌车辆受到的约束性强,上牌车辆客户的金融逾期率要低于非上牌车辆客户。从车辆类型看,矿车和搅拌车的金融逾期率要高于牵引车、载货等其他车辆类型。矿车是由于不需要上牌的缘故逾期率高,搅拌车则是和所依赖的工作场景有关。搅拌车广泛应用于工程建设,其所处行业属于投资拉动行业,基础设施建设和房地产开发是其核心下游。随着我国经济进入房地产调结构的关键周期,基础设施和房地产投资被国家严格宏观调控,从近年各地公布的投资计划可以看出,基础建设和房地产投资力度处于下行趋势,重点项目转而以智能制造、新能源汽车两大板块推进。搅拌车的工作场景密切影响了客户的经济业务和资金回笼,进而导致在金融逾期上出现中断、续贷、延期或终止等状况。

⑥ 融资期限、GPS、风控评审变量的回归结果。融资期限、GPS、风控评审变量与因变量在1%的水平上显著正相关,说明融资期限越长、车辆不有效安装GPS以及风控评审条件不严格,则金融逾期金额越高,导致的逾期时间越长。融资期限越长,客户还款的主客观风险越大,车辆安装GPS,可以第一时间向主机厂提供车辆的位置、运行状况,车辆每天运行的有效时长,能真实反映客户的经济业务质量,运行时间越长,业务质量越高,现金流回款也就越好,金融逾期率越低。严格的风控评审条件可以有效防止因为评审不当而导致金融逾期的发生。

⑦ 首付比例、保证金比例变量的回归结果。首付比例、保证金比例变量与因变量在1%的水平上显著负相关,说明首付比例越高,金融逾期率越低,保证金比例越高,金融逾期率越低。客户办理融资租赁业务时,缴纳的首付比例越高,后期承担的租金就越少,产生的逾期风险就越小。保证金是客户在办理融资租赁业务时对主机厂的一种承诺,保证金比例越高,客户的承诺越有效,之后的金融逾期风险也就越小。验证了之前的假设。

从其他变量的回归结果来看,承租人诚信状况与逾期金额比例在10%的水平上显著正相关,但与逾期月份比例显著性效果不明显,一定程度上说明承租人诚信状况也会影响逾期金额比例,承租人诚信状况越好,逾期金额比例越低。放款年份变量与因变量的回归符号为负,但显著性水平不高,表明B公司在一定程度上加强了融资租赁金融逾期的管理,技术水平不断提高,金融逾期率有所下降,但不明显。

从回归系数大小看，风控评审条件、经销商实力和责任主体的回归系数相对较大，分别是 0.798、0.320 和 0.226，根据回归模型的回归结果来看，一般而言，回归系数越大，说明解释变量影响越大，效果越强。B 公司在金融逾期管理方面，手段和方法不少，但更重要的是加大风控评审条件的审核，加强责任主体的网格化管理和做大做强经销商的实力建设，当下显得格外重要。

（6）以徐工汽车为例，研究探讨商用车领域融资租赁的风险管理。研究发现，融资租赁的主要风险表现在：

① 合同诈骗。具体表现如，承租人虚构经济实力、履约能力与担保能力；伪造汽车销售发票与机动车登记证；承租人与汽车供应商恶意串通；车辆重复融资等。

② 租金拖欠。具体表现如承租人不能按时或足额交纳租金。

③ 车辆质量瑕疵风险。在汽车融资租赁业务中，汽车融资租赁公司是基于承租人对车辆及供应商的而选择而购买车辆交由承租人使用，汽车融资租赁公司仅收取租金，供应商直接向承租人进行交付并由承租人进行验收确认，汽车融资租赁公司并不对车辆的质量承担任何责任，除非有证据证明其对承租人选择车辆或供应商进行了干扰，这在一些厂商系的汽车融资租赁公司开展业务的过程中发生的概率更高。

④ 车辆被无权处分。考虑到操作便利性、税收成本、后续问题等方面，汽车融资公司与承租人并不一定办理车辆过户，尤其是售后回租模式。在实务中，这加大了融资租赁公司的风险。

⑤ 车辆被查封、扣留的风险。租赁车辆若涉及刑事案件或其他纠纷，可能会被法院查封扣押。公安部颁布的《公安机关办理刑事案件程序规定》第六十一条规定要求公安机关在拍摄或者制作足以反映原物外形或者内容的照片、录像后返还车辆，但在实务操作中难度不小。

⑥ 车辆被盗抢、毁损与灭失。在汽车融资租赁中，汽车的所有权与使用权分离，虽然汽车的维修、保养、安全性责任均由承租人承担，车辆被盗、毁损及灭失风险亦由承租人承担，但是为充分保障自身权益并从有效控制维权成本的角度考量，汽车融资租赁公司必须充分重视车辆的被盗抢、毁损及灭失风险。公司开展的业务租期基本在三年左右，客户多以农户、散户为主，加之国家信用体系不健全，融资租赁企业面临着较大的经营风险。

融资租赁作为一种金融服务，具体包括系统风险与非系统风险，其中属于企业可控的主要为非系统风险（如信用风险、操作风险和经营风险等），该类风险的大小直接取决于该企业的内部控制情况。因此，徐工汽车在开展商用车融资租赁业务过程中主要从 COSO 风险管理框架的八大要素（内部环境、目标设定、事项识别、风险评估、风险应对、控制活动、信息与沟通、监控）进行风险控制。

（7）《企业会计准则——租赁》的颁布、实施，对于进一步规范承租人和出租人的融资租赁和经营租赁的会计核算和相关信息的披露、提高会计信息的相关性和可靠性，推动我国租赁业乃至整个社会主义市场经济的发展，将起到积极的作用。通过国际比较视角分析了准则的出台背景、意义，准则规范的范围及有关定义，对融资租赁和经营租赁两类租赁业务会计业务核算进行了系统分析和比较，对融资租赁资产初始确认和后续摊销是采用同一个“内含利率”还是采用两个不同的“利率”进行核算热点问题进行了案例分析。论述了两种不同观点的依据，举实例比较了两种观点所带来的不同核算结果，最终确定采用同一个“内含利率”更符合财政部会计准则规定要求，并以此为基础设置了相应的账务处理。

研究结论表明，商用车融资租赁在我国的实施存在巨大的增长潜力，但同时也存在一定的经营风险。总体来说，中国商用车融资租赁规模发展还存在隐患，融资租赁风险的影响因素不容小觑，目前的核心工作仍是继续加大完善汽车融资租赁公司内部控制和相关法规的建设力度。

7.2　研究创新点及不足

7.2.1　研究的创新点

（1）本研究拓展了商用车融资租赁信用风险的文献研究，为商用车融资租赁业务提供了理论分析和实证检验的经验借鉴。

已有文献针对汽车金融的研究，要么更多关注汽车消费信贷的发展现状、经营模式、风险防范等，要么以偏概全，将针对乘用车融资的研究定义为对整个汽车融资的研究，缺乏对商用车融资租赁的独立性研究。本研究基于已有文献的该部分空白之处，选取商用车融资租赁信用风险作为研究对象，更多依据商用车融资租赁业务发展自身特点设计了风险控制理论和实证评估模型，为商用车融资租赁业务提供了经验借鉴。

(2) 本研究将理论模型和实证研究进行结合,研究结论互相印证,提升了风险控制评估模型的解释力和准确性。

本研究弥补了已有案例研究和实证研究缺乏互相印证的缺陷,创新性地将以案例分析为基础的微观研究和以回归模型为基础的大数据实证研究进行结合。案例研究结论表明,加强商用车融资租赁公司的风险控制,需着力完善二手车市场、完善相关法律法规、鼓励从事专业化汽车金融业务、建立全面广泛征信体系、加强对客户资质审查、强化项目风险管理。实证结论表明,加强商用车融资租赁公司的风险控制,需完善客户信息、加大对特殊客户审查力度、鼓励开展专业化汽车金融业务、完善全社会征信体系、适度采用增信等风险管理手段。理论结论和实证结论能够较好地互相印证,分别从理论逻辑层面和实际效果层面,说明了本研究提出的风险控制建议的合理性、可行性和准确性。

(3) 本研究充分使用大数据技术对商用车融资租赁信用风险进行实证研究,提供了更为丰富的数据信息结论。

本研究基于B融资租赁公司业务平台的海量客户信息数据,选取大数据处理软件SPSS,充分运用大数据技术中的筛选识别、构建指标、统计分析、回归分析、功效评估、样本匹配等方法,逐步筛选有效样本、构建指标体系、得到描述性统计结果、得到回归分析结果、评判模型功效和预测准确率、得到样本匹配后的回归结果等,基于大数据和大样本的多样化价值,得出了更为丰富的商用车融资租赁信用风险评估和控制的信息结论。

(4) 本研究理论分析、实证研究、政策建议为商用车融资租赁公司风控手段的建立和完善提供了清晰的借鉴思路和较强的应用价值。

本研究立足于国内商用车融资租赁信用风险相关文献研究相对缺乏的前提条件,通过案例分析和回归实证模型,依据风险评估模型结论提出了建立租赁项目风险评估标准,加强金融业务规范运营,增强岗位责任意识,建立有效的合规管理体系,健全业务操作流程,实行分散与集中管控,建立上下联动、内外联动的清收机制,进行管控主体的目标分解,实现网格化管理等政策建议,并针对每条政策建议进一步细化了风险控制手段方向,其研究思路和分析结果为当前各行其是、相对混乱的商用车融资租赁风险控制体系提供了较强的参考价值。

7.2.2 本研究研究的不足

(1) 数据获取渠道相对单一。相对于信贷业务的悠久历史,融资租赁业务引入到国内的时间较短，且真正进入快速发展期只有十年时间，相关数据的整理与标准化处理方面处于摸索阶段，缺乏相关经验。处于快速发展阶段的融资租赁业，尚未建立标准化、可公开的数据收集平台，数据获取渠道极为单一，数据收集困难较大，缺乏细分行业的数据支持，影响对行业整体的宏观分析判断。

（2）实证研究的具体指标数量有限，未能完全反映金融逾期率影响因素。理论上分析影响金融逾期率的因素有很多，诸如贷款利率、贷款期数、违约概率、二手车市场变现收益、违约金、诉讼费等。而实证研究基于B融资租赁公司的业务大数据选取的指标包括信用状况、所属区位、融资期数、首付比例、经销商级别、责任管理、担保比例、是否安装GPS、主机厂是否担保等。二者虽在总体结论上互相印证，但在具体指标上并未完全纳入，无法进一步得到具体指标对违约与否的理论影响和实证影响的印证，某种程度上削弱了风险控制模型的解释力度。

7.3 研究展望

在实现碳达峰、碳中和目标背景下，我国新能源汽车产业也呈现出快速发展的良好态势。工信部有关负责人日前表示，我国新能源汽车累计销量已从2012年年底的2万辆攀升至今年5月底的1 108万辆，成功突破千万辆大关。自2015年起，产销量连续7年位居世界第一。

同时近年来，陕西、广东、山西、河南、福建、浙江等地都相继出台支持新能源汽车融资租赁发展的相关政策，鼓励融资租赁公司大力发展新能源汽车融资租赁业务。2022年7月，商务部、银保监会等17部门发布的《关于搞活汽车流通扩大汽车消费若干措施的通知》提出：支持新能源汽车购买使用，有序发展汽车融资租赁，鼓励汽车生产企业、销售企业与融资租赁企业加强合作，增加金融服务供给。

从中央到地方均提出有利于新能源汽车相关产业发展的政策支持，2020年4月23日，国家正式出台了2020年新能源汽车补贴政策，提出了包括延长补贴期限、设置补贴上限、鼓励换电模式等等利好政策。2020年6月2日，李克强在《政府工作报告》中提出“两新一重”，将换电站明确纳入新基建建设范畴。2020年6月，国家生态环境部《重污染天气重点行业应急减排措施制定技术指南》要求：大宗物品运输采用新能源运输车辆比例不低于80%。

2020年7月23日，工信部辛国斌表示：将大力推进充换电基础设施建设，鼓励企业研发换电模式车型，并表态鼓励企业探索车电分离各环节的打通。2020年10月9日，国务院常务会议上李克强表示加强充换电基础设施建设，支持新能源汽车与能源、交通、信息通信等产业深度融合。

在政策的大力支持和融资租赁公司的积极布局下，新能源汽车已成为融资租赁公司深入汽车产业的一个重要赛道。融资租赁公司拓展新能源汽车融资租赁业务，如何提高风险防控和租后管理水平将是未来理论和实务界研究的热点之一。未来研究的范围将聚焦于新能源商用车的租赁模式和新能源商用车融资租赁发展的现实困难。

7.3.1 新能源商用车融资租赁模式

融资租赁是指出租人根据承租人对出卖人、租赁物的选择，向出卖人购买租赁物，提供给承租人使用，承租人支付租金的金融业务方案。现在市场上对于新能源商用车作为租赁物的业务模式在公交系统和城市物流系统运用较多，形成了一些真实的案例。

（1）平台化操作模式

这一模式采用了直租，由融资租赁公司作为出租人向经销商采购车辆，车型全部为同一车型，车辆完成登记上牌后，统一交付至承租人日常运营，同时委托平台运营商作为资产管理人，负责对车辆的日常运营情况进行监控管理。

（2）车电分离操作模式

车电分离模式在行业中实践较早，即车身和电池产权分离，客户在买车时不再必须购买动力电池，可由第三方提供电池相关租赁服务。其优点在于降低购车首付款；解决现阶段充电难慢、电池寿命衰减的痛点；促进资源节约和环保。

7.3.2 新能源商用车融资租赁发展的现实困难

现实困难主要分两个方面，一是新能源商用车自身固有的问题，二是融资租赁介入后衍生的风险。新能源商用车本身的原因可能在于使用成本高、技术保障和运营效率不确定、配套设施不完善等。这里重点分析由此产生的新能源商用车融资租赁发展的困境。

（1）新能源商用车使用场景有限、客户群体有限

国务院办公厅印发的《新能源汽车产业发展规划（2021—2035 年）》提出，2021 年起，国家生态文明试验区、大气污染防治重点区域的公共领域新增或更新公交、物流配送等车辆，新能源汽车比例不低于 80%。国务院已经给出了具体发展方向。但从市场的角度而言，现阶段新能源商用车主要使用场景还在城市物流和封闭区域，例如矿区、场区、港口等。

客户群体相对传统燃油商用车也有很大区别，传统燃油商用车的客户群体以 C 端客户为主，而新能源商用车客户群体可以分为终端客户、企事业单位和公共交通用户三类。新能源商用车客户群体是有组织化的，对这个产品及这个市场有了自己的看法，逐渐进入平台化以及联盟化的采购阶段，以大客户为主。因此，传统商用车的产品设计并不完全适用于新能源商用车客户群体。

（2）租赁物稳定性差、残值不确定

选择一个领域开展融资租赁时，我们除了关注客户群体外，更要考虑租赁物本身通用性高不高、流动性好不好，这关系到后续租赁物的处置和回收。新能源商用车的发展需解决车辆的日常维护、动力电池维修保养、充电站的不间断作业等问题。而作为长期运行的商用车及其配套的基础设施，存在着逐年折旧损耗的问题。因此，除了在期初耗费大量人力财力，租赁期内的稳定运行也需要投入较大的成本。

近几年内，新能源商用车不存在二手车市场，准确地说是不存在二手车估值市场。新能源商用车的残值缺乏数据做验证，对车辆残值的评估未成体系，同时新能源商用车的技术更新非常快，国家政策也在往高密度容量、高里程的电池技术方面做引导，整个开发平台的不稳定导致新能源商用车残值评估的困难。

（3）厂家合作兜底意愿弱，风控措施难落实

在租赁物保值性不确定的前提下，融资租赁公司从控制风险角度出发，转而寻求厂家进行回购或兜底，厂家承诺在客户购车后的一定时期内，按照约定的价格对车辆进行回购，锁定残值。但目前在新能源商用车领域生产车辆的，以有实力的大厂为主，厂家基于其在市场的强势地位，提供回购的可能性不大。退而求其次，要求经销商承担担保责任，但受限于经销商本身实力本身及现在去担保化的大环境影响，这一风控措施也较难争取。

附　　录

汽车销售管理办法

（2017 年 2 月 20 日商务部第 92 次部务会议审议通过）

第一章　总　　则

第一条　为促进汽车市场健康发展，维护公平公正的市场秩序，保护消费者合法权益，根据国家有关法律、行政法规，制定本办法。

第二条　在中华人民共和国境内从事汽车销售及其相关服务活动，适用本办法。

从事汽车销售及其相关服务活动应当遵循合法、自愿、公平、诚信的原则。

第三条　本办法所称汽车，是指《汽车和挂车类型的术语和定义》(GB/T 3730.1)定义的汽车，且在境内未办理注册登记的新车。

第四条　国家鼓励发展共享型、节约型、社会化的汽车销售和售后服务网络，加快城乡一体的汽车销售和售后服务网络建设，加强新能源汽车销售和售后服务网络建设，推动汽车流通模式创新。

第五条　在境内销售汽车的供应商、经销商，应当建立完善汽车销售和售后服务体系，保证相应的配件供应，提供及时、有效的售后服务，严格遵守家用汽车产品“三包”、召回等规定，确保消费者合法权益。

第六条　本办法所称供应商，是指为经销商提供汽车资源的境内生产企业或接受境内生产企业转让销售环节权益并进行分销的经营者以及从境外进口汽车的经营者。

本办法所称经销商，是指获得汽车资源并进行销售的经营者。

本办法所称售后服务商，是指汽车销售后提供汽车维护、修理等服务活动的经营者。

第七条　国务院商务主管部门负责制定全国汽车销售及其相关服务活动的政策规章，对地方商务主管部门的监督管理工作进行指导、协调和监督。

县级以上地方商务主管部门依据本办法对本行政区域内汽车销售及其相关服务活动进行监督管理。

第八条　汽车行业协会、商会应当制定行业规范，提供信息咨询、宣传培训等服务，开展行业监测和预警分析，加强行业自律。

第二章　销售行为规范

第九条　供应商、经销商销售汽车、配件及其他相关产品应当符合国家有关规定和标准，不得销售国家法律、法规禁止交易的产品。

第十条　经销商应当在经营场所以适当形式明示销售汽车、配件及其他相关产品的价格和各项服务收费标准，不得在标价之外加价销售或收取额外费用。

第十一条　经销商应当在经营场所明示所出售的汽车产品质量保证、保修服务及消费者需知悉的其他售后服务政策，出售家用汽车产品的经销商还应当在经营场所明示家用汽车产品的“三包”信息。

第十二条　经销商出售未经供应商授权销售的汽车，或者未经境外汽车生产企业授权销售的进口汽车，应当以书面形式向消费者作出提醒和说明，并书面告知向消费者承担相关责任的主体。

未经供应商授权或者授权终止的，经销商不得以供应商授权销售汽车的名义从事经营活动。

第十三条　售后服务商应当向消费者明示售后服务的技术、质量和服务规范。

第十四条　供应商、经销商不得限定消费者户籍所在地，不得对消费者限定汽车配件、用品、金融、保险、救援等产品的提供商和售后服务商，但家用汽车产品“三包”服务、召回等由供应商承担费用时使用的配件和服务除外。

经销商销售汽车时不得强制消费者购买保险或者强制为其提供代办车辆注册登记等服务。

第十五条　经销商向消费者销售汽车时，应当核实登记消费者的有效身份证明，签订销售合同，并如实开具销售发票。

第十六条 供应商、经销商应当在交付汽车的同时交付以下随车凭证和文件，并保证车辆配置表述与实物配置相一致：

（一）国产汽车的机动车整车出厂合格证；

（二）使用国产底盘改装汽车的机动车底盘出厂合格证；

（三）进口汽车的货物进口证明和进口机动车检验证明等材料；

（四）车辆一致性证书，或者进口汽车产品特殊认证模式检验报告；

（五）产品中文使用说明书；

（六）产品保修、维修保养手册；

（七）家用汽车产品“三包”凭证。

第十七条 经销商、售后服务商销售或者提供配件应当如实标明原厂配件、质量相当配件、再制造件、回用件等，明示生产商（进口产品为进口商）、生产日期、适配车型等信息，向消费者销售或者提供原厂配件以外的其他配件时，应当予以提醒和说明。

列入国家强制性产品认证目录的配件，应当取得国家强制性产品认证并加施认证标志后方可销售或者在售后服务经营活动中使用，依据国家有关规定允许办理免于国家强制性产品认证的除外。

本办法所称原厂配件，是指汽车生产商提供或认可的，使用汽车生产商品牌或其认可品牌，按照车辆组装零部件规格和产品标准制造的零部件。

本办法所称质量相当配件，是指未经汽车生产商认可的，由配件生产商生产的，且性能和质量达到原厂配件相关技术标准要求的零部件。

本办法所称再制造件，是指旧汽车零部件经过再制造技术、工艺生产后，性能和质量达到原型新品要求的零部件。

本办法所称回用件，是指从报废汽车上拆解或维修车辆上替换的能够继续使用的零部件。

第十八条 供应商、经销商应当建立健全消费者投诉制度，明确受理消费者投诉的具体部门和人员，并向消费者明示投诉渠道。投诉的受理、转交以及处理情况应当自收到投诉之日起 7 个工作日内通知投诉的消费者。

第三章 销售市场秩序

第十九条 供应商采取向经销商授权方式销售汽车的，授权期限（不含店铺建设期）一般每次不低于 3 年，首次授权期限一般不低于 5 年。双方协商一致的，可以提前解除授权合同。

第二十条　供应商应当向经销商提供相应的营销、宣传、售后服务、技术服务等业务培训及技术支持。

供应商、经销商应当在本企业网站或经营场所公示与其合作的售后服务商名单。

第二十一条　供应商不得限制配件生产商（进口产品为进口商）的销售对象，不得限制经销商、售后服务商转售配件，有关法律法规规章及其配套的规范性文件另有规定的除外。

供应商应当及时向社会公布停产或者停止销售的车型，并保证其后至少10年的配件供应以及相应的售后服务。

第二十二条　未违反合同约定被供应商解除授权的，经销商有权要求供应商按不低于双方认可的第三方评估机构的评估价格收购其销售、检测和维修等设施设备，并回购相关库存车辆和配件。

第二十三条　供应商发生变更时，应当妥善处理相关事宜，确保经销商和消费者的合法权益。

经销商不再经营供应商产品的，应当将客户、车辆资料和维修历史记录在授权合同终止后30日内移交给供应商，不得实施有损于供应商品牌形象的行为；家用汽车产品经销商不再经营供应商产品时，应当及时通知消费者，在供应商的配合下变更承担“三包”责任的经销商。供应商、承担“三包”责任的经销商应当保证为消费者继续提供相应的售后服务。

第二十四条　供应商可以要求经销商为本企业品牌汽车设立单独展区，满足经营需要和维护品牌形象的基本功能，但不得对经销商实施下列行为：

（一）要求同时具备销售、售后服务等功能；

（二）规定整车、配件库存品种或数量，或者规定汽车销售数量，但双方在签署授权合同或合同延期时就上述内容书面达成一致的除外；

（三）限制经营其他供应商商品；

（四）限制为其他供应商的汽车提供配件及其他售后服务；

（五）要求承担以汽车供应商名义实施的广告、车展等宣传推广费用，或者限定广告宣传方式和媒体；

（六）限定不合理的经营场地面积、建筑物结构以及有偿设计单位、建筑单位、建筑材料、通用设备以及办公设施的品牌或者供应商；

（七）搭售未订购的汽车、配件及其他商品；

（八）干涉经销商人力资源和财务管理以及其他属于经销商自主经营范围

内的活动；

（九）限制本企业汽车产品经销商之间相互转售。

第二十五条 供应商制定或实施营销奖励等商务政策应当遵循公平、公正、透明的原则。

供应商应当向经销商明确商务政策的主要内容，对于临时性商务政策，应当提前以双方约定的方式告知；对于被解除授权的经销商，应当维护经销商在授权期间应有的权益，不得拒绝或延迟支付销售返利。

第二十六条 除双方合同另有约定外，供应商在经销商获得授权销售区域内不得向消费者直接销售汽车。

第四章 监督管理

第二十七条 供应商、经销商应当自取得营业执照之日起90日内通过国务院商务主管部门全国汽车流通信息管理系统备案基本信息。供应商、经销商备案的基本信息发生变更的，应当自信息变更之日起30日内完成信息更新。

本办法实施以前已设立的供应商、经销商应当自本办法实施之日起90日内按前款规定备案基本信息。

供应商、经销商应当按照国务院商务主管部门的要求，及时通过全国汽车流通信息管理系统报送汽车销售数量、种类等信息。

第二十八条 经销商应当建立销售汽车、用户等信息档案，准确、及时地反映本区域销售动态、用户要求和其他相关信息。汽车销售、用户等信息档案保存期不得少于10年。

第二十九条 县级以上地方商务主管部门应当依据职责，采取“双随机”办法对汽车销售及其相关服务活动实施日常监督检查。

监督检查可以采取下列措施：

（一）进入供应商、经销商从事经营活动的场所进行现场检查；

（二）询问与监督检查事项有关的单位和个人，要求其说明情况；

（三）查阅、复制有关文件、资料，检查相关数据信息系统及复制相关信息数据；

（四）依据国家有关规定采取的其他措施。

第三十条 县级以上地方商务主管部门应当会同有关部门建立企业信用记录，纳入全国统一的信用信息共享交换平台。对供应商、经销商有关违法违规行为依法作出处理决定的，应当录入信用档案，并及时向社会公布。

第三十一条　供应商、经销商应当配合政府有关部门开展走私、盗抢、非法拼装等嫌疑车辆调查，提供车辆相关信息。

第五章　法律责任

第三十二条　违反本办法第十条、第十二条、第十四条、第十七条第一款、第二十一条、第二十三条第二款、第二十四条、第二十五条、第二十六条有关规定的，由县级以上地方商务主管部门责令改正，并可给予警告或3万元以下罚款。

第三十三条　违反本办法第十一条、第十五条、第十八条、第二十条第二款、第二十七条、第二十八条有关规定的，由县级以上地方商务主管部门责令改正，并可给予警告或1万元以下罚款。

第三十四条　县级以上商务主管部门的工作人员在汽车销售及其相关服务活动监督管理工作中滥用职权、玩忽职守、徇私舞弊的，依法给予处分；构成犯罪的，依法追究刑事责任。

第六章　附　则

第三十五条　省级商务主管部门可结合本地区实际情况制定本办法的实施细则，并报国务院商务主管部门备案。

第三十六条　供应商通过平行进口方式进口汽车按照平行进口相关规定办理。

第三十七条　本办法自2017年7月1日起施行。

中华人民共和国车辆购置税法

（2018年12月29日第十三届全国人民代表大会常务委员会第七次会议通过）

第一条 在中华人民共和国境内购置汽车、有轨电车、汽车挂车、排气量超过一百五十毫升的摩托车（以下统称应税车辆）的单位和个人，为车辆购置税的纳税人，应当依照本法规定缴纳车辆购置税。

第二条 本法所称购置，是指以购买、进口、自产、受赠、获奖或者其他方式取得并自用应税车辆的行为。

第三条 车辆购置税实行一次性征收。购置已征车辆购置税的车辆，不再征收车辆购置税。

第四条 车辆购置税的税率为百分之十。

第五条 车辆购置税的应纳税额按照应税车辆的计税价格乘以税率计算。

第六条 应税车辆的计税价格，按照下列规定确定：

（一）纳税人购买自用应税车辆的计税价格，为纳税人实际支付给销售者的全部价款，不包括增值税税款；

（二）纳税人进口自用应税车辆的计税价格，为关税完税价格加上关税和消费税；

（三）纳税人自产自用应税车辆的计税价格，按照纳税人生产的同类应税车辆的销售价格确定，不包括增值税税款；

（四）纳税人以受赠、获奖或者其他方式取得自用应税车辆的计税价格，按照购置应税车辆时相关凭证载明的价格确定，不包括增值税税款。

第七条 纳税人申报的应税车辆计税价格明显偏低，又无正当理由的，由税务机关依照《中华人民共和国税收征收管理法》的规定核定其应纳税额。

第八条 纳税人以外汇结算应税车辆价款的，按照申报纳税之日的人民币汇率中间价折合成人民币计算缴纳税款。

第九条 下列车辆免征车辆购置税：

（一）依照法律规定应当予以免税的外国驻华使馆、领事馆和国际组织驻华机构及其有关人员自用的车辆；

（二）中国人民解放军和中国人民武装警察部队列入装备订货计划的车辆；

（三）悬挂应急救援专用号牌的国家综合性消防救援车辆；

（四）设有固定装置的非运输专用作业车辆；

（五）城市公交企业购置的公共汽电车辆。

根据国民经济和社会发展的需要，国务院可以规定减征或者其他免征车辆购置税的情形，报全国人民代表大会常务委员会备案。

第十条　车辆购置税由税务机关负责征收。

第十一条　纳税人购置应税车辆，应当向车辆登记地的主管税务机关申报缴纳车辆购置税；购置不需要办理车辆登记的应税车辆的，应当向纳税人所在地的主管税务机关申报缴纳车辆购置税。

第十二条　车辆购置税的纳税义务发生时间为纳税人购置应税车辆的当日。纳税人应当自纳税义务发生之日起六十日内申报缴纳车辆购置税。

第十三条　纳税人应当在向公安机关交通管理部门办理车辆注册登记前，缴纳车辆购置税。

公安机关交通管理部门办理车辆注册登记，应当根据税务机关提供的应税车辆完税或者免税电子信息对纳税人申请登记的车辆信息进行核对，核对无误后依法办理车辆注册登记。

第十四条　免税、减税车辆因转让、改变用途等原因不再属于免税、减税范围的，纳税人应当在办理车辆转移登记或者变更登记前缴纳车辆购置税。计税价格以免税、减税车辆初次办理纳税申报时确定的计税价格为基准，每满一年扣减百分之十。

第十五条　纳税人将已征车辆购置税的车辆退回车辆生产企业或者销售企业的，可以向主管税务机关申请退还车辆购置税。退税额以已缴税款为基准，自缴纳税款之日至申请退税之日，每满一年扣减百分之十。

第十六条　税务机关和公安、商务、海关、工业和信息化等部门应当建立应税车辆信息共享和工作配合机制，及时交换应税车辆和纳税信息资料。

第十七条　车辆购置税的征收管理，依照本法和《中华人民共和国税收征收管理法》的规定执行。

第十八条　纳税人、税务机关及其工作人员违反本法规定的，依照《中华人民共和国税收征收管理法》和有关法律法规的规定追究法律责任。

第十九条　本法自 2019 年 7 月 1 日起施行。2000 年 10 月 22 日国务院公布的《中华人民共和国车辆购置税暂行条例》同时废止。

汽车金融公司管理办法

（2022年12月29日 银保监会 征求意见稿）

第一章 总 则

第一条 为加强对汽车金融公司的监督管理，促进我国汽车金融业的健康发展，依据《中华人民共和国银行业监督管理法》《中华人民共和国公司法》等法律法规，制定本办法。

第二条 本办法所称汽车金融公司，是指经中国银行保险监督管理委员会（以下简称银保监会）批准设立的，专门提供汽车金融服务的非银行金融机构。

第三条 汽车金融公司名称中应标明“汽车金融”字样。未经银保监会批准，任何单位和个人不得在机构名称中使用“汽车金融”、“汽车信贷”、“汽车贷款”等字样。

第四条 银保监会及其派出机构依法对汽车金融公司实施监督管理。

第二章 机构设立、变更与终止

第五条 设立汽车金融公司法人机构应具备下列条件：

（一）具有符合本办法规定的出资人；

（二）具有符合本办法规定的最低限额注册资本；

（三）具有符合《中华人民共和国公司法》和银保监会规定的公司章程；

（四）具有符合任职资格条件的董事、高级管理人员和熟悉汽车金融业务的合格从业人员；

（五）建立了有效的公司治理、内部控制和风险管理体系；

（六）建立了与业务经营和监管要求相适应的信息科技架构，具有支撑业务经营的必要、安全且合规的信息系统，具备保障业务持续运营的技术与措施；

（七）具有与业务经营相适应的营业场所、安全防范措施和其他设施；

（八）银保监会规定的其他审慎性条件。

第六条 汽车金融公司的出资人为中国境内外依法设立的非银行企业法人，其中主要出资人须为汽车整车制造企业或非银行金融机构。

前款所称主要出资人是指出资数额最多并且出资额不低于拟设汽车金融公司全部股本30%的出资人。

汽车金融公司出资人中至少应当有1名具备5年以上丰富的汽车消费信贷业务管理和风险控制经验；或为汽车金融公司引进合格的专业管理团队，其中至少包括1名有丰富汽车金融从业经验的高级管理人员和1名风险管理专业人员。

第七条　非金融机构作为汽车金融公司出资人，应当具备以下条件：

（一）最近1个会计年度末营业收入不低于50亿元人民币或等值的可自由兑换货币；作为主要出资人的，还应当具有足够支持汽车金融业务发展的汽车产销规模；

（二）最近1个会计年度末净资产不低于资产总额的30%；

（三）经营业绩良好，且最近2个会计年度连续盈利；作为主要出资人的，最近3个会计年度连续盈利；

（四）入股资金来源真实合法，不得以借贷资金入股，不得以他人委托资金入股；

（五）权益性投资余额原则上不得超过本企业净资产的50%（含本次投资金额）；作为主要出资人的，权益性投资余额原则上不得超过本企业净资产的40%（含本次投资金额）；国务院规定的投资公司和控股公司除外。

（六）遵守注册地法律，近2年无重大违法违规行为；

（七）主要股东自取得股权之日起5年内不得转让所持有的股权，承诺不将所持有的汽车金融公司股权进行质押或设立信托，并在拟设公司章程中载明；

（八）银保监会规定的其他审慎性条件。

前款第（一）（二）（三）（五）项涉及财务指标要求均为合并会计报表口径。

第八条　非银行金融机构作为汽车金融公司出资人，除应具备第七条第四项、第六项、第七项规定的条件外，还应当具备以下条件：

（一）注册资本不低于3亿元人民币或等值的可自由兑换货币；

（二）具有良好的公司治理结构、内部控制机制和健全的风险管理体系；作为主要出资人的，还应当具有5年以上汽车消费信贷业务管理和风险控制经验；

（三）财务状况良好，最近2个会计年度连续盈利；

（四）权益性投资余额原则上不得超过本企业净资产的50%（含本次投资金额）；

（五）满足所在国家或地区监管当局的审慎监管要求。

前款第(三)(四)项涉及财务指标要求均为合并会计报表口径。

第九条 汽车金融公司注册资本的最低限额为5亿元人民币或等值的可自由兑换货币。注册资本为一次性实缴货币资本。

银保监会根据汽车金融业务发展情况及审慎监管的需要,可以调高注册资本的最低限额。

第十条 汽车金融公司可以在全国范围内开展业务。未经银保监会批准,汽车金融公司不得设立分支机构。

第十一条 经银保监会批准,汽车金融公司可以设立境外子公司。具体设立条件、程序及监管要求由银保监会另行制定。

第十二条 银保监会对汽车金融公司董事和高级管理人员实行任职资格核准制度。

第十三条 汽车金融公司有下列变更事项之一的,应依据有关行政许可规定报经银保监会或其派出机构批准:

(一)变更公司名称;

(二)变更公司注册资本;

(三)变更住所或营业场所;

(四)调整业务范围;

(五)变更股权或调整股权结构;

(六)修改章程;

(七)变更公司董事及高级管理人员;

(八)合并或分立;

(九)银保监会规定的其他变更事项。

汽车金融公司终止,应报经银保监会批准。

第十四条 汽车金融公司有以下情况之一的,经银保监会批准后可以解散:

(一)公司章程规定的营业期限届满或公司章程规定的其他解散事由出现;

(二)公司章程规定的权力机构决议解散;

(三)因公司合并或分立需要解散;

(四)其他法定事由。

第十五条 汽车金融公司有以下情形之一的,经银保监会批准,可向法院申请破产:

(一)不能清偿到期债务,并且资产不足以清偿全部债务或明显缺乏清偿能力,自愿或应其债权人要求申请破产;

（二）因解散或被撤销而清算，清算组发现汽车金融公司财产不足以清偿债务，应当申请破产。

第十六条　汽车金融公司因解散、依法被撤销或被宣告破产而终止的，按照有关法律法规办理。

第十七条　汽车金融公司的设立、变更、终止和董事及高级管理人员任职资格核准的行政许可程序，按照银保监会有关规定执行。

第三章　业务范围与经营规则

第十八条　经银保监会批准，汽车金融公司可从事下列部分或全部本外币业务：

（一）接受股东及其所在集团母公司和控股子公司的定期存款或通知存款；

（二）接受汽车经销商和售后服务商贷款保证金和承租人汽车租赁保证金；

（三）从事同业拆借；

（四）向金融机构借款；

（五）发行非资本类债券；

（六）汽车及汽车附加品贷款业务；

（七）汽车及汽车附加品融资租赁业务；

（八）汽车经销商和汽车售后服务商贷款业务，包括库存采购、展厅建设、零配件和维修设备购买等贷款；

（九）转让或受让汽车及汽车附加品贷款和融资租赁资产；

（十）办理汽车残值评估、变卖及处理业务；

（十一）与汽车金融相关的咨询、代理和服务。

前款所称控股子公司是指股东所在集团母公司持股50%（含）以上的公司。

汽车经销商是指依法取得汽车（含新车及二手车）销售资质的经营者。

汽车售后服务商是指从事汽车售后维护、修理、汽车零配件和附加品销售的经营者。

汽车附加品是指依附于汽车所产生的产品和服务，如导航设备、外观贴膜、充电桩、电池等物理附属设备以及车辆延长质保、车辆保险、车辆软件等与汽车使用相关的服务。购车缴纳的相关税费不属于汽车附加品。

第十九条　经银保监会批准，经营状况良好、符合条件的汽车金融公司还可以从事下列部分或者全部本外币业务：

发行资本工具；

资产证券化业务；

套期保值类业务；

银保监会批准的其他业务。

汽车金融公司申请开办前款所列业务的具体条件和程序，按照行政许可有关规定执行。

第二十条 汽车金融公司应当基于真实贸易背景开展贷款和融资租赁业务，严格资金用途管理。

第二十一条 汽车金融公司仅限于向其汽车贷款或融资租赁业务客户（含贷款或融资租赁合同已结清客户）提供汽车附加品融资服务。

第二十二条 汽车金融公司开展融资租赁业务应当合法取得租赁物的所有权；应当按照国家有关规定进行登记公示，保障对租赁物的合法权益。

第二十三条 汽车金融公司应当规范开展保证金存款业务，不得从信贷资金中直接扣收保证金。

第二十四条 汽车金融公司发行非资本类债券应当坚持举债同偿债能力相匹配原则，审慎合理安排债券发行计划；发债资金用途应当依法合规并符合国家政策规定。

第二十五条 汽车金融公司转让汽车及汽车附加品贷款和融资租赁资产应当严格遵守法律法规和监管规定，遵守真实、整体和洁净转让原则。

第二十六条 汽车金融公司经营业务中涉及外汇管理事项的，应当遵守国家外汇管理有关规定。

第四章 公司治理与内部控制

第二十七条 汽车金融公司应当根据有关法律法规和监管规定，建立和健全公司治理架构，遵循各治理主体独立运作、有效制衡、相互合作、协调运转的原则，构建决策科学、执行有力、监督有效的公司治理机制。

第二十八条 汽车金融公司应当按照有关监管规定建立和完善股权管理相关制度，加强股权管理，规范股东行为。

汽车金融公司应当在公司章程中载明，主要股东必要时向公司补充资本，在公司出现支付困难时给予流动性支持。

第二十九条 汽车金融公司应当加强董事会建设，建立健全董事履职评价制度。董事会应单独或合并设立审计、关联交易控制、风险管理和消费者权益保护等专门委员会。

第三十条　汽车金融公司应当设立监事会或专职监事，建立健全监事履职评价制度，明确履职标准。

第三十一条　汽车金融公司应当规范高级管理层履职，明确高级管理人员范围、职责，清晰界定董事会与高级管理层之间的关系；完善对高级管理层履职能力的考核评价、监督检查及专业培训，加强对失职或不当履职的责任追究。

第三十二条　汽车金融公司应当根据业务特点建立科学合理的薪酬管理制度，优化薪酬结构，对高级管理人员以及对风险有重要影响的岗位人员实施薪酬延期支付和追索扣回等制度，确保激励约束并重。

第三十三条　汽车金融公司应当制定完善关联交易管理制度，开展关联交易应当遵守法律法规和有关监管规定，遵循诚实信用、公开公允、穿透识别、结构清晰的原则。

第三十四条　汽车金融公司应当建立健全年度信息披露制度，每年 4 月 30 日前通过官方网站及其他渠道向社会公众披露机构基本信息、财务会计报告、风险管理信息、股权信息、关联交易信息、消费者咨询投诉渠道信息等相关信息。

第三十五条　汽车金融公司应当建立和完善消费者权益保护工作机制；规范产品和服务信息披露，依法保护消费者个人信息；切实履行消费投诉处理工作主体责任，强化投诉源头治理；加强金融宣传教育，提升消费者金融素养和风险意识。

第三十六条　汽车金融公司应当建立符合自身经营特点的内部控制机制，明确部门、岗位职责分工，加强制度建设，完善操作流程。持续开展内控合规评价和监督，加强内部控制问题整改和责任追究，充分发挥内部控制在经营管理和风险防控中的作用，确保安全稳定运营。

第三十七条　汽车金融公司应当按照国家有关规定建立健全公司财务和会计制度；应当遵循审慎的会计原则，真实记录并全面反映其业务活动和财务状况。

第三十八条　汽车金融公司应当建立健全内部审计体系，独立、客观审查评价并督促改善公司业务经营、风险管理、内控合规和公司治理效果，促进稳健运行和价值提升。

第三十九条　汽车金融公司应当建立定期外部审计制度，并于每个会计年度结束后的 4 个月内，将经注册会计师签名确认的年度审计报告报送银保监会派出机构。

第四十条　汽车金融公司应当建立完善数据治理体系，确保数据治理资源配置，制定并实施系统化的制度、流程和方法，建立数据质量控制机制，强化数据安全管理。

第五章　风险管理

第四十一条　汽车金融公司应当建立与业务规模和风险状况相匹配的全面风险管理体系，健全适应业务特点的风险治理架构、风险管理政策和程序，有效识别、计量、监测、控制或缓释各类风险。

第四十二条　汽车金融公司应当建立完善合规风险管理体系，明确专门负责合规管理的部门、岗位以及相应的权限，制定合规管理政策，优化合规管理流程，加强合规文化建设和合规培训。

第四十三条　汽车金融公司应当不断完善信用风险管理制度和流程，提升风险管理精细化水平。应实行信用风险资产五级分类制度，建立审慎的资产减值损失准备制度，及时足额计提资产减值损失准备。未提足准备的，不得进行利润分配。

第四十四条　汽车金融公司应当建立与自身业务规模相适应的流动性风险管理体系，定期开展流动性压力测试，制定并完善流动性风险应急计划，及时消除流动性风险隐患。

第四十五条　汽车金融公司应当根据业务流程、人员岗位、信息系统和外包管理等情况建立科学的操作风险管理体系，制定规范员工行为和道德操守的相关制度，加强员工行为管理和案件防控，确保有效识别、评估、监测和控制操作风险。

第四十六条　汽车金融公司应当构建欺诈风险防控体系，有效识别欺诈行为，保障信贷资金安全。

第四十七条　汽车金融公司应当建立与信息系统运行管理模式相匹配的信息科技风险管理体系，强化网络安全、数据安全、业务连续性、外包等领域的风险防控，保障信息系统安全、稳定运行。

第四十八条　汽车金融公司应当制定完善声誉风险监测机制、应急预案和处置措施，主动加强舆情监测，有效防范声誉风险。

第四十九条　汽车金融公司应当对合作机构实行名单制管理，建立合作机构准入、退出标准以及合作期间定期评估制度，确保合作机构与合作事项符合法律法规和监管要求。

前款所称合作机构，是指与汽车金融公司在营销获客、共同出资发放贷款、支付结算、风险分担、信息科技、逾期清收等方面开展合作的各类机构。

第五十条　汽车金融公司开展汽车经销商和汽车售后服务商贷款业务，应当对借款人进行信用评级，实施分级管理和授信；持续关注其经营状况、股东、实际控制人和高级管理人员的变化情况；对相关交易的真实性和合理性进行尽职审核与专业判断；建立有效的库存监测和盘点、车辆发票、车辆合格证、二手车产权登记证管理制度等贷后风险监测机制。

第五十一条　汽车金融公司开展汽车及汽车附加品贷款和融资租赁业务，应当通过合法方式获得借款人或承租人的征信信息和其他内外部信息，全面评估借款人或承租人的信用状况；独立有效开展客户身份核实、风险评估、授信审批、合同签订等核心风控工作；建立完善个人或机构客户信贷风险模型，动态监测信贷资产质量。

第五十二条　汽车金融公司开展融资租赁业务应当建立健全融资租赁车辆价值评估和定价体系，密切监测租赁物价值对融资租赁债权的风险覆盖水平，制定有效的风险应对措施。应当加强对租赁期限届满返还或因承租人违约而取回的租赁车辆的风险管理，建立完善的租赁车辆处置制度和程序，降低租赁车辆持有期风险。

汽车金融公司售后回租业务的租赁物必须由承租人真实拥有并有权处分，不得接受已设置任何抵押、权属存在争议或已被司法机关查封、扣押的财产或所有权存在瑕疵的租赁物；租赁物的买入价格应当有合理的、不违反会计准则的定价依据作为参考，不得低值高买。

第五十三条　汽车金融公司开展二手车金融业务应当建立二手车市场信息数据库和二手车残值估算体系，严格把控交易真实性和车辆评估价格，防范车辆交易风险和残值风险。

第五十四条　汽车金融公司开展汽车附加品贷款和融资租赁业务应当客观评估汽车附加品价值，制定单类附加品融资限额。

汽车附加品融资金额不得超过附加品合计售价的 80%；合计售价超过 20 万元人民币的，融资金额不得超过合计售价的 70%。

汽车金融公司应当加强对汽车附加品交易真实性和合理性的审核与判断，收集附加品相关交易资料或凭证，并加强贷款资金支付和用途管理。

第五十五条　汽车金融公司应当遵守以下监管指标：

（一）资本充足率、杠杆率、贷款损失准备等监管指标要求按照银保监会有关规定执行；

（二）对单一借款人的授信余额不得超过资本净额的15%；

（三）对单一集团客户的授信余额不得超过资本净额的50%；

（四）对单一股东及其关联方的授信余额不得超过该股东在汽车金融公司的出资额；

（五）自用固定资产比例不得超过资本净额的40%；

（六）流动性比例不得低于50%。

银保监会可根据监管需要对上述指标做出适当调整。

前款所称关联方是指《企业会计准则》关联方披露所界定的关联方。

第六章　监督管理

第五十六条　汽车金融公司应按规定向银保监会及其派出机构报送有关报告、监管报表及其他资料，并确保所提供报告、报表、资料真实、准确和完整。

第五十七条　汽车金融公司在经营中出现或者可能出现重大风险和损失时，应当立即采取应急措施并及时向银保监会派出机构报告。

第五十八条　银保监会及其派出机构根据审慎监管的要求，有权依照有关程序和规定对汽车金融公司进行现场检查，有权依法对与涉嫌违法事项有关的单位和个人进行调查。

第五十九条　银保监会及其派出机构必要时可指定会计师事务所对汽车金融公司的经营状况、财务状况、风险状况、内部控制制度及执行情况等进行审计。银保监会及其派出机构可要求汽车金融公司更换专业技能和独立性达不到监管要求的会计师事务所。

第六十条　银保监会及其派出机构应加强与汽车金融公司以及外部审计机构的信息交流，定期开展三方会谈或者直接与外部审计机构进行会谈，及时发现和解决汽车金融公司存在的相关问题。

第六十一条　汽车金融公司违反本办法规定的，银保监会及其派出机构将责令限期整改；逾期未整改的，或其行为严重危及公司稳健运行、损害客户合法权益的，银保监会及其派出机构可区别情形，依照《中华人民共和国银行业监督管理法》等法律法规的规定，采取责令暂停部分业务、限制股东权利等监管措施以及实施行政处罚。

第六十二条　汽车金融公司已经或可能发生信用危机，严重影响债权人和其他客户合法权益的，银保监会可依法对其实行接管或促成机构重组。汽车金融公司有违法经营、经营管理不善等情形，不撤销将严重危害金融秩序、损害公众利益的，银保监会有权依法予以撤销。

汽车金融公司符合《中华人民共和国企业破产法》规定的破产情形的，经银保监会同意，汽车金融公司或其债权人可以向人民法院提出重整、和解或者破产清算申请。破产重整的汽车金融公司，其重整后的股东应符合汽车金融公司的出资人条件。银保监会派出机构应根据进入破产程序的汽车金融公司的业务活动和风险状况，对其采取暂停相关业务等监管措施。

第六十三条　汽车金融公司可成立行业性自律组织，实行自律管理。自律组织开展活动，应当接受银保监会的指导和监督。

第七章　附　则

第六十四条　本办法第二十八条所称主要股东，是指持有或控制汽车金融公司百分之五以上股份或表决权，或持有资本总额或股份总额不足百分之五但对汽车金融公司经营管理有重大影响的股东。

前款中的“重大影响”，包括但不限于向汽车金融公司派驻董事、监事或高级管理人员，通过协议或其他方式影响汽车金融公司的财务和经营管理决策以及银保监会或其派出机构认定的其他情形。

第六十五条　中国境内设立的汽车金融公司仅限于向境内客户提供金融服务。境内是指中国大陆，不包括港、澳、台地区。

第六十六条　汽车金融公司开展专用汽车、农用运输车、摩托车、推土机、挖掘机、搅拌机、泵机等车辆金融服务的，适用本办法相关规定。

第六十七条　本办法由银保监会负责解释。

第六十八条　本办法自　年　月　日起(自公布之日起30日后)施行，原《汽车金融公司管理办法》(中国银监会令2008年第1号)废止。

参考文献

阿曼波，2007.国际租赁完全指南[M]. 李命志，译.北京：北京大学出版社，2007.
巴曙松，王超，2005.汽车消费信贷市场：风险控制与博弈分析[J].金融管理与研究（杭州金融研修学院学报）(3)：17-21.
蔡晓琰，周国光，2016.交通基础设施 PPP 项目智能风险评价模型研究[J].技术经济与管理研究（8)：20-24.
曹艺，2018.商用车个人融资租赁业务风险管理研究：以 HT 公司为例[D].济南：山东大学.
陈雷艳，2008.融资租赁进入中国汽车市场的前景初探[J].时代经贸（学术版），6(5)：124-125.
陈文波，2021.汽车金融个人贷款违约风险预测研究：以 X 汽车金融公司为例[D].成都：西南财经大学.
陈雪飞，王丽敏，2010.我国融资租赁的风险及其控制[J].金融经济（24)：47-48.
程浩，2017.商业银行中间业务的发展对银行盈利能力的影响[D].北京：国际贸易经济合作研究院.
崔佳宁，史燕平，2014.我国融资租赁交易动因：来自上市公司的经验证据[J].技术经济，33(4)：123-130.
杜平，张学昌，2004.汽车融资租赁和汽车消费信贷比较分析[J].上海汽车（1)：18-21.
冯点，2020.H 公司汽车融资租赁业务信用风险控制优化方案设计[D].沈阳：沈阳工业大学.
高建梅，2000，.融资性租赁风险的产生和防范对策[J].江西社会科学，20(8)：57-58.
高进，2018.金融租赁机构风险管理的优化对策[J].银行家（6)：120-122.

高爽,2011.金融工具的“雪中送炭”同岳融资租赁经验谈[J].汽车与配件(43):28-30.

关琪,2020.A公司汽车融资租赁业务信用风险管理研究[D].上海:上海财经大学.

郭颖,2015.浅谈汽车融资租赁业的风险管控[J].中国经贸(20):61-62.

何璐,2017.A汽车融资租赁公司内部控制案例研究[D].北京:中国财政科学研究院.

何培育,2017.基于互联网金融的大数据应用模式及价值研究[J].中国流通经济,31(5):39-46.

胡博嵩,2010.融资租赁企业的风险控制研究及实证分析[D].天津:天津大学.

胡韵,2016.庞大集团汽车融资租赁风险管理问题探析[D].南昌:江西财经大学.

黄彦菁,2009.试论融资租赁风险产生的机制与管理[J].中国总会计师(7):70-71.

霍久真,2014.基于工程机械融资租赁风险管理的研究:以徐工集团租赁公司为例[J].经济研究参考(29):67-69.

贾宏俊,高鹏,亓培鑫,2019.基于AHP-多级可拓模型的绿色建筑全生命周期风险评价[J].项目管理技术,17(5):56-61.

李岸杨,2017.基于Logistic模型的汽车金融公司个人贷款信用评分研究[D].重庆:西南大学.

李慧青,2009.汽车融资租赁市场信用风险问题的研究[D].北京:对外经济贸易大学.

李家诚,2017.汽车融资租赁零售业务的操作风险识别与应对[J].北方经贸(5):25-26.

李妍,赵蕾,2015.新型城镇化背景下的PPP项目风险评价体系的构建:以上海莘庄CCHP项目为例[J].经济体制改革(5):17-23.

梁飞媛,2008.融资租赁的风险与控制[J].浙江金融(11):60.

刘澜飚,2016.融资租赁理论与实务[M].北京:人民邮电出版社.

刘晓曙,2015.大数据时代下金融业的发展方向、趋势及其应对策略[J].科学通报,60(S1):453-459.

刘新海,2016.运用大数据开展P2P信用风险评估的Upstart[J].征信,34(6):18-20.

刘杨,2012.浅析融资租赁在中小企业融资中的作用[J].现代经济信息

(11):232.
陆晓龙,2014.汽车融资租赁业务模式与信用风险管理[J].上海汽车 (7):30-33.
陆兴凤,2010.浅议融资租赁中承租方的风险管理[J].现代商业 (36):50.
罗方科,陈晓红,2017.基于 Logistic 回归模型的个人小额贷款信用风险评估及应用[J].财经理论与实践,38(1):30-35.
彭鑫威,2020.易鑫集团汽车融资租赁风险管理问题探析[D].南昌:江西财经大学.
任娜,2011.浅析小额贷款公司信用风险管理[J].中国外资 (12):43.
阮丹,2017.融资租赁公司风险防控策略分析[J].财会通讯 (32):105-109.
商彦章,2012.商用汽车金融:模式多,空间大[J].商用汽车 (3):57-59.
盛雯隽,2014.我国汽车融资租赁业务问题研究:以 C 公司为例[D].上海:华东师范大学.
史燕平,2005.融资租赁原理与实务[M].北京:对外经济贸易大学出版社.
舒扬,杨秋怡,2017.基于大样本数据模型的汽车贷款违约预测研究[J].管理评论,29(9):59-71.
宋涛,2020.中国汽车融资租赁行业发展蓝皮书[M].北京:机械工业出版社.
田春芝,陈跃,2013.汽车融资租赁信用风险控制研究[J].财会通讯 (2):115-117.
王超,2018.基于模糊层次分析法的财务风险评价研究:以 X 医药企业为例[J].会计之友 (3):115-119.
王培,2009.金融危机逼出新招 商用车融资租赁或大受青睐[J].商用汽车新闻 (28):8.
王平,2008.中外汽车融资租赁比较分析[J].现代农业科学 (9):119-121.
王绍帆,2017.商用车融资租赁合作模式及风险控制研究:以 YT 公司为例[D].青岛:青岛科技大学.
王文乐,2016.我国融资租赁业的前景及风险控制[J].企业经济,35(6):189-192.
王应贵,2017.我国金融租赁公司经营现状、发展模式与重点风险控制[J].武汉金融 (10):26-31.
王再祥,2009.汽车金融信贷研究[D].北京:中国社会科学院.
王筝,2015.金融租赁公司风险管理体系构建初探[J].中央财经大学学报 (3):47-54.
吴复成,毕舟,车鑫,2019.固定收益证券违约风险评价模型构建及扩展[J].财会月刊 (10):152-159.

徐贝贝,2022.完善监管规制 促进金融租赁公司业务持续稳健发展:中国银保监会有关部门负责人就《金融租赁公司项目公司管理办法》答记者问[N].金融时报,01-10(3).

徐海涛,2017.大数据在汽车行业的运用及影响分析[J].汽车工业研究(11):4-10.

徐瑞璋,2019.汽车融资租赁业务客户风险评价研究:以V公司为例[D].北京:北京交通大学.

徐艺玮,2018.个人汽车融资租赁业务风险管理研究:以DJ融资租赁有限公司为例[D].厦门:厦门大学.

薛弘,2017.金融租赁:风险管理与控制[J].银行家(3):24-25.

杨蓬勃,张成虎,张湘,2009.基于Logistic回归分析的上市公司信贷违约概率预测模型研究[J].经济经纬,26(2):144-148.

尹建荣,2015.汽车租赁公司融资租赁业务风险及应对措施[J].财会通讯(35):99-101.

于立勇,詹捷辉,2004.基于Logistic回归分析的违约概率预测研究[J].财经研究,30(9):15-23.

于晓曦,孙英隽,2012.我国汽车金融信用风险博弈分析[J].企业经济,31(3):164-167.

俞立平,2013.大数据与大数据经济学[J].中国软科学(7):177-183.

翟建华,2012.试析融资租赁对缓解中小企业融资困境的优势[J].金融理论与教学(3):43-44.

张洁,2012.我国融资租赁企业风险模糊综合评价的应用研究[D].成都:西南财经大学.

张娟,2016.N汽车融资租赁公司业务风险管理研究[D].南京:南京师范大学.

张鹏飞,张真继,2011.汽车租赁行业信用风险管理模式研究[J].技术与创新管理,32(4):374-377.

张巧良,张黎,2015.P2P网贷平台风险评价指标研究:基于层次分析法[J].南京审计学院学报,12(6):85-94.

张斯婷,2021.Y公司商用车融资租赁业务风险控制研究[D].呼和浩特:内蒙古大学.

张维珏,2022.集团公司开展融资租赁业务风险管理研究[J].现代商业(24):140-142.

张武，2020.大数据背景下商用车融资租赁信用风险研究[D].杭州：浙江大学.

张晓，郭佳，2007.融资租赁及其在中小企业融资中的优势[J].会计之友（上旬刊）（7）：68-69.

张晓清，2017.融资租赁风险管理研究综述[J].财会学习（24）：209.

张心怡，刘艳霞，2021.汽车融资租赁业务的风险管理研究[J].景德镇学院学报，36(3)：33-36.

张志远，1990.金融租赁学[M].北京：中国对外经济贸易出版社.

甄阿敏，2013.我国中小企业融资问题研究[J]. 中国商报(20)：44.

郑权，2007.关于吉林省开展汽车融资租赁业务的研究[D].长春：吉林大学.

周凯，2018.融资租赁信用风险的评估及防范研究[D].北京：对外经济贸易大学.

ANONYMOUS, 2010. Americans well-informed on auto retailing economics aware; last-minute car shoppers need to consider financing basics before taking advantage of 2009 vehicle tax deduction, says AWARE[J].Journal of transportation(1).

BERG T, BURG V, GOMBOVIĆ A, et al, 2020. On the rise of FinTechs: credit scoring using digital footprints[J]. The review of financial studies, 33(7): 2845-2897.

BOOBYER C, 2003. Leasing and asset finance: the comprehensive guide for practitioners[M].4th ed.London: Euromoney Books.

BULMASH H, 2006. Big question: should i lease or buy my new car[J]. Canadian consulting engineer, 58-59.

CLARK T M, 1978.Leasing[M].London: McGraw Hill Book Co.

DASGUPTA S, SIDDARTH S, SILVA-RISSO J, 2007. To lease or to buy? A structural model of a consumer's vehicle and contract choice decisions[J]. Journal of marketing research, 44(3): 490-502.

EINAV L, JENKINS M, LEVIN J, 2013. The impact of credit scoring on consumer lending[J].The rand journal of economics, 44(2): 249-274.

FAN J X, BURTON J R, 2005. Vehicle acquisitions: leasing or financing? [J]. Journal of consumer affairs, 39(2): 237-253.

FUSTER A, PLOSSER M, SCHNABL P, et al, 2019. The role of technology in mortgage lending[J].The review of financial studies, 32(5): 1854-1899.

GRENADIER S R., 1996. Leasing and credit risk [J]. Journal of financial economics,42(3):333-364.

LEV B,OHLSON J A,1982.Market-based empirical research in accounting:a review, interpretation, and extension[J]. Journal of accounting research, 20:249.

LEVY H, SARNAT M, 1979. Leasing, borrowing, and financial risk[J]. Financial management,8(4):47.

LI J J,2017.Research on enterprise credit risk assessment method based on improved genetic algorithm [C]//2017 9th International Conference on Measuring Technology and Mechatronics Automation (ICMTMA).January 14-15,2017,Changsha,China.IEEE:215-218.

LIN Z L,2015.Factors influencing automobile financial leasing and risk control - an empirical study on China automobile leasing market[D].Dissertations & Theses Gradworks.

LINGXIAO,TANG,2019.Applying a nonparametric random forest algorithm to assess the credit risk of the energy industry in China[J]. Technological forecasting and social change,144:563-572.

MANURUNG J,MAWENGKANG H,ZAMZAMI E,2017.Optimizing support vector machine parameters with genetic algorithm for credit risk assessment [J].Journal of physics:conference series,930:012026.

MILLER S E,1995.Economics of automobile leasing:the call option value[J]. Journal of consumer affairs,29(1):199-218.

MODILIGLIANI, 2012. Research and markets: China automotive finance industry report-in november ten automotive finance companies have been set up in China[J]. M2 presswire.

NEVITT P K,FABOZZI F J,2000.Equipment leasing[M].[S.l.]: John Wiley & Sons.

ONYIRIUBA L,2016.Lease financing risk and control in emerging markets [M]//Emerging Market Bank Lending and Credit Risk Control.Amsterdam: Elsevier:275-285.

REALDON M.Pricing the credit risk of secured debt and financial leasing[J]. Journal of business finance & accounting,33(7/8):1298-1320.

ROSS B S, 2006. Up for a Promotion[J].Estates gazette(1).

SCHALLHEIM J S,1994.Lease or buy?:principles for sound decision making [M].Boston,Mass:Harvard Business School Press.

SCHMIT M,2004.Credit risk in the leasing industry[J].Journal of banking & finance,28(4):811-833.

STIGLITZ J, WEISS A, 1981. Credit rationing in markets with imperfect information[J].The American economic review,71:393-410.

SUSAN D, KRISCHE, 2012. Lease transaction structuring, earnings management, and management credibility [J]. Research in accounting regulation,24(1):33-39.

TROCCHIA P J,BEATTY S E,2003.An empirical examination of automobile lease vs finance motivational processes[J].Journal of consumer marketing,20(1):28-43.

WESTON J F,CRAIG R,1960.Understanding lease financing[J].California management review,2(2):67-75.

WITZANY J,2017.Credit Risk Management[J].DOI:10. 1007/978-3-319-49800-3.

后　记

本书是在我挂职徐工集团从事商用车融资租赁实践后有感而发写作的。2021年7月，学校党委经研究决定，安排我到徐工集团挂职锻炼，担任徐工汽车事业部总经理助理，分管金融和逾期清收工作，期间短暂到集团审计部挂职，到2022年7月为止，为期一年。感谢徐工集团给我这次宝贵的挂职机会，让我对徐工“担大任、行大道、成大器”的企业文化有了更深的认识，对徐工“珠峰登顶一根筋”的执着精神有了更深的体会，对徐工商用车“做大做强，成就大国工匠”的拼搏勇气有了更深的感悟。

徐工集团成立于1989年，成立以来始终保持中国工程机械行业排头兵地位，是中国工程机械行业规模最大、产品品种与系列最齐全、最具竞争力和影响力的大型企业集团。徐工汽车是支撑徐工集团国际化、世界级“珠峰登顶”战略发展的核心支柱产业之一，2008年通过徐工集团战略并购南京春兰汽车制造有限公司成立，拥有国内智能化程度最高、规模最大的现代化重卡制造单体工厂，是江苏省唯一国有自主品牌、唯一同时拥有传统燃料及新能源双资质的重卡产业。徐工汽车具备年产6万辆重卡和8万台驾驶室的生产能力，全系推出牵引车、载货车、自卸车、搅拌车、专用车、非公路车辆、新能源汽车七大产品平台，产品线涵盖燃油、燃气、电动、氢燃料四大动力类型，覆盖公路物流、建筑工程、市政环卫、矿山施工等使用场景，产品齐全度行业领先。

十二载春秋代序。自成立以来，徐工汽车每年以不低于30%的规模增长，2020年营业收入迈上百亿元台阶，稳居行业前九。企业被认定为江苏省高新技术企业，拥有江苏省企业技术中心、商用车辆工程技术中心研究中心、工业设计中心，荣获徐州市市长质量奖、江苏省五一劳动奖状、国家管理创新成果一等奖、2020中国公益创新奖等奖项，荣登中国工业影响力百强榜单。

能够到徐工集团和徐工汽车事业部挂职是我人生中的一大幸事。在这一年中除了分管金融和逾期清收工作外，我总共参加了事业部级别会议74场，会议内容涉及公司“十四五”战略规划、汽车科改、经营预算、营销机构调整、人员选聘激励、非公路、轻卡、新能源、智能化、国五出清、往来压降、财务管理、降本提效、海外出口、企业文化等。一年中参加了在昆明举办的全国性融资租赁金融论坛，联系了民生、华融、浙银、兴业、恒鑫等20余家金租公司，拜访了徐州地区2/3以上银行机构，走访了河南、山东、江苏、新疆等地区的10余家经销商，每月和事业部内部营销公司、新能源、重型车辆、轻卡等各平台负责人进行金融事务磋商和金融逾期调度不低于20次，每周定期参加金融公司的周例会，与风控、业务、资产、财务部门主要负责人和核心骨干充分进行交流沟通，确保信息畅通、工作畅通。每两周定期去“冲、焊、涂、总”四大车间了解生产安全状况，提升自己的生产实践认知水平。这些会议、联系、走访、沟通、交流不仅丰富了我的阅历，充实了我的经历，而且对我的业务水平、管理能力、工作方式、沟通技能都有着显著的提升和改进作用。

读万卷书，行万里路！感谢徐工集团，感谢徐工汽车事业部，给了我宝贵的机会来挂职锻炼！

在这里，我看到了什么是大国工匠、精益求精的品质，听到了什么是没有退路就是胜利之路的亮剑精神，体会到了什么是担大任、行大道、成大器的徐工文化！

在这里，我更看到了徐工汽车的美好未来，徐工集团的珠峰登顶！徐工徐工，助你成功！感谢徐工，感谢汽车！

感谢徐工集团党委书记邱成先生、副总经理罗东海先生对我挂职期间工作的帮助和支持！

感谢徐工集团党委组织部黄国良部长、金融发展部罗德永部长、审计部田永副部长和徐工汽车事业部曹弋、胡玉美、许汝科、陈景哲、姜涛、陈卫、陈森等领导对我孜孜不倦的教导、鼓励和帮助！感谢徐工汽车事业部金融公司领导班子和全体员工对我工作的支持！

感谢学校领导和经济管理学院全体教师对我工作的支持和帮助！感谢校领导沈士德教授、刘海波教授、蒋兆峰教授，以及经管学院朱铁壁院长、黄元元教授对我挂职期间工作的支持和帮助。

在本书写作和修改的过程中，由于本人知识结构的局限，一些缺漏和谬误之处在所难免，敬请各位专家学者批评指正。